USJで
出会った
心温まる物語

USJのツボ［著］

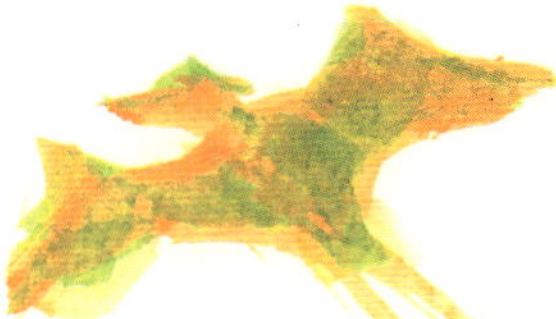

あさ出版

はじめに

映画からそのまま飛び出てきたかのようなリアルな空間、
趣向を凝らしたアトラクション、
大人気アニメやアーティストとの数々のコラボイベント、
そして、奇跡のようなクルー（従業員）との出会い——。

はじめてＵＳＪを訪れた日から、すっかりこの世界に魅了された私は、その素晴らしさを日本中に伝えるべく、ホームページやツイッター、ブログなどを通して、毎日ＵＳＪの情報を発信しています。

そして、もっともっと多くの人に、ＵＳＪを訪れたことがない人にも魅力を知ってほしい。

そんな思いから、この本ができあがりました。

本書では、ゲスト（お客さま）がＵＳＪで出会った24の心温まるエピソードを紹介しています。

なぜＵＳＪがこれほどまで多くの人に愛されるのか。

一度訪れると、みんながその楽しさに虜《とりこ》になってしまうのはなぜなのか。

その秘密を、エピソードを通して感じてくだされば、これ以上うれしいことはありません。

本書を読み終わる頃には、
何度もＵＳＪに足を運んでいるファンの方々も、
久しくＵＳＪを訪れていない人も、
また、ＵＳＪにまだ一度も行ったことがない人も、
きっとこの素晴らしい場所を訪れたくなることでしょう。

ＵＳＪのツボ

はじめに 2

STORY 01 ひと筋の光 9

STORY 02 コラボぬいぐるみ 21

STORY 03 年間パス紛失事件 29

STORY 04 女性船長 37

STORY 05 MVP 45

STORY 06 「おかえりなさいませ」 53

Contents

STORY 07 世界最高のアトラクション 61
STORY 08 さようなら、E.T. 69
STORY 09 母とシェフのシール 77
STORY 10 オーストラリアの弟家族 85
STORY 11 世界一のツリーが見守る中で 93
STORY 12 毎夏の思い出 101
STORY 13 ゆめ咲線での出会い 109

STORY 14 シールの魔法 117
STORY 15 結婚10周年の記念写真 125
STORY 16 乙度行われた千秋楽 137
STORY 17 ユニバ兄さん 145
STORY 18 誕生日のマジックショー 153
STORY 19 トーチラン 161
STORY 20 ピーターさんのバイオリン 169

Contents

STORY 21 夢のパレード 177

STORY 22 いま、自分にできることを 185

STORY 23 よぎぃさんとミコちゃん 193

STORY 24 See you in the future! 201

おわりに 210

※本書は実際にあったエピソードをストーリー化していますが、
一部、仮名にするなど、プライバシー等に配慮した表現としています。
また、イラストはイメージです。

STORY 01

ひと筋の光

２００1年3月31日。

「ユニバーサル・スタジオ・ジャパン」がグランドオープンしました。

この日をどれだけ待ち望んだかわかりません。

『E．T．』や『ジョーズ』などハリウッドの有名映画を疑似体験できるアトラクションに、映像とIT技術を駆使した迫力満点の演出。

映画好きの私は、オープンが本当に楽しみでした。

期待していたのは、アトラクションやショーだけではありません。

大阪で生まれ育った私は、人情に厚い大阪人が本来持っている「おもてなし」の精神が、ここUSJで存分に発揮されるに違いない、笑いの文化に加えて、そうした温かい部分を、USJを通してたくさんの人に知ってもらえる機会になるはずだと思い、そのこともとてもうれしかったのです。


オープンの前日。

いつもより早めにベッドに入った私は、

（明日はどんなことが起きるんだろう……）

（「E．T．アドベンチャー」には絶対に乗りたいな！）

（はじめてだし、うまく入場できなかったらどうしよう……）

など、翌日のことを想像し、期待で胸がいっぱいになり、ほとんど眠ることができませんでした。


緊張と興奮を抱えたまま、朝を迎えることに。

早朝、カーテンをあけると外は冷たい小雨が降っていました。桜の開花が近いというのに、真冬の寒さに逆戻り。

できれば快晴で迎えたかったけれど、天気ばかりは仕方がありません。

予定どおり始発電車に乗り込み、ユニバーサルシティ駅には開園2時間前の6時に到着しました。


「朝早いのにすごい人だな」

駅で待ち合わせていた友人が驚いています。

USJオープンの瞬間を体験しようと駆けつけてきた人たちで、すでにゲート前はいっぱいでした。

混雑するであろうことは予測していましたが、ここまで人、人、人だとは……（あとから知ったことですが、オープン前のＵＳＪに、約５０００人が集まっていたそうです）。


「朝イチで来て正解だったな」

「いったいどんなテーマパークなんだろうな。あ〜、ドキドキする！」

友人とそんなことを話しながら、入場待ちの列に並ぼうとすると、

「おい、あれ！」

と、友人が声を上げました。

その視線の先に目をやると、レッドカーペットが！

「サプライズイベントがあるんだ！」

すぐに察知した私たちは、お互い期待と喜びでゆるんだ顔を見合わせたのでした。

相変わらず冷たい小雨が降り続く中、私たちはなんとか式典ステージが見える位置

を確保することができました。

ユニバーサル・スタジオのシンボル、巨大な地球儀の前にステージが設置されています。

午前7時過ぎに式典がスタート。

盛大な拍手とともに登場したのは、映画『バック・トゥ・ザ・フューチャー』のブラウン博士です。

映画のシーンそのままの白衣と爆発したような白髪頭で、

「タイムマシンで駆けつけてきました」とあいさつ。

映画のテーマパークらしい始まりに、観客は大盛り上がり！

『バック・トゥ・ザ・フューチャー』ファンの私たちも「おお！」と、思わず声がこぼれます。

続いて登場したのは……。

なんと！

ハリウッドの超人気俳優、アーノルド・シュワルツェネッガー！

クリーム色のジャケットにデニムパンツとカジュアルな格好に、人懐こい笑顔を浮かべて手を振っています。

これには、その場にいた全員が大興奮！

「シュワちゃーん！」

だれもが予想していなかったプレミアムな演出に、冷たい小雨が降っていることも忘れて、会場は一気にヒートアップしました。

「すごいサプライズだ！　こんなアメリカの大スターが来るなんて、信じられない！」

「憧れのシュワちゃんが目の前にいるなんて、本当に夢みたいだ……」

友人が興奮した口調で声を上げるのに対し、私はこの瞬間を目に焼き付けようと、じっとステージを見つめていました。


記念すべきグランドオープンを祝して、通常であればテープカットがされるのでしょうが、ここは映画のテーマパーク。なんと、テープの代わりに巨大なフィルム、ハサミの代わりに映画の撮影時に使われるカチンコが用意されました。

シュワルツェネッガーと、ＵＳＪの阪田晃社長がテープカットならぬフィルムカットを行います。

その瞬間、大量の紙吹雪が舞台を舞い、舞台は真っ白に。

会場からは、割れんばかりの大きな拍手と大歓声。

この瞬間を待ち望んできた私は胸がいっぱいになりながら、手のひらが真っ赤になるほど思い切り拍手を送りました。


「あれ、雨、やんでる？」

友人が手のひらを空にかざして言います。

式典が始まったばかりのときは、小雨がしとしと降っていたのですが、たしかにいまは雨が上がっています。


「わぁ、あそこ見て！」

近くにいた女性が、空の一部を指差して声を上げました。

見ると、空一面を覆っていた分厚い雲のすき間から、ひと筋の光が差し込み、ステージを照らしています。

UNIVERSAL

それは、まるでＵＳＪのオープンを祝福してくれているかのような、神々《こうごう》しい光でした。

気づくと、みんなが空を見上げ刻々と変化する空を見つめています。

「キレイ……」

どこからか、思わず口からこぼれたかのようなため息まじりの女性の声が聞こえました。

ここから、素晴らしい物語が始まるに違いない――。

そんな期待を予感させる雰囲気があたりを包みました。

ほんの数秒間でしたが、ひと筋の光がステージを照らす幻想的な光景に、心が震えました。

映画のオープニングシーンを生のスクリーンで観賞しているような不思議な感覚にとらわれていると、

「オフィシャルオープン！」

シュワルツェネッガーが力強く右手を突き上げ、高らかにＵＳＪの開園を宣言。その瞬間、ユニバーサル・スタジオのシンボルである巨大な地球儀がゆっくりと回り出しました。

ＵＳＪに、命が宿った瞬間でした。

「わぁ――っ！」

客席からは、大きな歓声が上がりました。

ＵＳＪが、大阪から日本中を明るく笑顔にする――。

雲間から差し込んだあの美しい光は、その象徴に違いない。

友人とともに楽しみにしていたアトラクションに向かいながら、私は、そう強く感じたのでした。

STORY 02

コラボぬいぐるみ

「キティちゃんって、リンゴ5個分の身長だって知ってた？」

久しぶりに夕食をともにした友人の突然の問いに、何も答えられずにいると、そんな私の様子を気にするでもなく、

「ちなみに体重はリンゴ3個分」

と、ニッコリする彼女。


（そういえば、昔からハローキティが好きだったっけ）

学生時代、彼女のバッグ、ポーチ、ノート、ペン、ストラップと、身のまわりにハローキティがあふれていたことを思い出しました。

いまもハローキティのグッズがあると、つい買ってしまうという彼女の言葉に、

「じゃあさ、ＵＳＪで……」

と、言おうとして、あわてて口をつぐみました。

ＵＳＪの10周年を記念して、ハローキティ、スヌーピー、ピンクパンサー、エルモ、4つのキャラクターのコラボレーション商品が期間限定で販売しているのを教えてあげようと思ったのですが、せっかくなら秘密でゲットして驚かせよう。そう思ったか

らです。

年間パスを持っていたので、友人と会った週末、早速ＵＳＪへ。

（コラボグッズは、まだ販売しているかな……？）

いつもなら、アトラクションやショーをたっぷり楽しんでからショップへ向かうのですが、この日ばかりは、真っ先にお目当てのショップへ飛び込みました。

「へぇ〜！」

とくにキャラクターのファンというわけでもないのに、思わず声が出てしまったくらい、店内にはコラボ商品がずらり。Ｔシャツ、小物入れ、キーホルダー、ネックレス、お菓子……。目移りしてしまうぐらいのバラエティです。

テンションが高くなりながら、さあ、どれにしようかとグッズを見てまわりました。

しかし、どれがいいやら、さっぱり見当がつきません。

（Ｔシャツもかわいいし、チャームも使えそう。あ、あのお菓子の缶もいいな……）

悩みながら見ていると、１つのぬいぐるみに釘付けになりました。

そこにはなんと、エルモの着ぐるみに身を包んだキティちゃんが！

（かわいい……！）

「ＵＳＪでしか購入できない、期間限定のコラボ商品なんですよ。しかも、４つの人気キャラクターがこうして一緒に商品になることはまずあり得ません。ＵＳＪの10周年を祝って、世界ではじめて実現できたことなんです！」

手にとって見ていると、若い男性店員さんが教えてくれました。

「世界初！　そんなにすごいんですね」

（よし、これにしよう！）

そう決めてぬいぐるみに手を伸ばしかけましたが、（あ、でもな……）と、ちょっと考えて引っ込めてしまいました。

売り場にはたくさんのコラボぬいぐるみがあります。いま買ってしまうと、荷物になる。せっかく来たからには遊びたいし、帰りにまた寄れば大丈夫か。

――――そう思ったのです。

ところが……。


（えっ！　ない！）

数時間後にふたたびショップへ行ってみると、さっきまでずらりと並んでいたぬいぐるみがなくなっていたのです。

あわてて店員さんに聞いてみると、売り切れてしまったとのこと。

（そんな……）

（いやいや、もしかしたら、他のショップにまだあるかもしれない！）

そう思い、急いでショップを出ると、パーク内のグッズ販売をしているすべてのショップを見てまわりました。


ない！

ない……！

ここにもない…………‼

なんということか、どこのお店でも、お目当てのキティちゃんとエルモのコラボぬいぐるみは売り切れてしまっていたのです。

あとで買えばいい、なんて甘いことを考えたさっきの自分に文句を言いたい……。

友人の驚きと喜びの入り交じった表情を想像し、プレゼントするのを楽しみにしていたのに……。

あのとき買っていれば……。

そんな思いがぐるぐると巡りますが、時間は戻りません。

あきらめて帰ろうと、ショップを出かけたところ……。


「あ！」


落胆と後悔の視界の先に、エルモの着ぐるみに身を包んだキティちゃんがちょこんと座っています。

「あった！」

しかし、キティちゃんが座っているのはショップの窓辺。それは、展示用として飾ってあるぬいぐるみでした。

私は藁《わら》にもすがる思いで、店員さんに声をかけます。

最初に「世界初のレアグッズですよ」と教えてくれたあの男性店員さんです。

「あのコラボぬいぐるみを売ってもらえませんか？　すべてのショップをまわったんですが、売り切れていて……。展示用だというのはわかっているんですが、キティちゃん好きの友人にプレゼントしたくて、どうしてもあれが欲しいんです……」

私の必死の形相に、その店員さんは嫌がるでもなく、

「そうだったんですね。あの、少しだけお待ちいただけますか？　すぐに確認してきます！」

そう言うと、ダッシュでどこかへ走っていきました。

3分も待っていないと思います。あっという間に戻ってくると、満面の笑みでＯＫサイン。

「本当に⁉」

「展示していたので少し汚れていますが、それでもよければどうぞ」

「ありがとうございます！」

たぶん彼は私の必死な姿から想いの強さを察し、通常は販売しないぬいぐるみを買えるように上の人に強くかけあってくれたのでしょう。

「いまだけしか手に入らない貴重なキティちゃんですもんね。買えずに悲しい気持ちで帰ってほしくなかったので、僕も自分のことのようにうれしいです。展示用でも手に入れられてよかったですね！」

男性店員さんのやさしい笑顔と言葉に、胸が温かくなりました。

「本当にありがとうございました！」

そうお礼を言ってUSJをあとにしました。


後日、そのぬいぐるみを手にした彼女が飛び跳ねんばかりに喜んだのは、言うまでもありません。

私は、USJであったハプニングについても話しました。

「大変な思いをして手に入れてくれたんだね。本当にありがとう。大切にするね！」

あの店員さんと10周年記念のぬいぐるみのおかげで、彼女との絆が一層、強くなりました。

STORY 03

年間パス紛失事件

「ねえ、ユキ！　今度の土曜日、また行こうよ！」
「えー、しょうがないなあ。お母さんにつきあってあげるか〜」

誘った場所はＵＳＪ。渋々という感じを演出しながらも、ＵＳＪに行けるうれしさに笑顔になるのをおさえきれない娘の様相に、私は吹き出しそうになりました。

娘は高校1年生。小学生の頃は、私と一緒にしょっちゅうＵＳＪに遊びに出かけたものですが、最近は、親よりも友だちと遊ぶほうが楽しいらしく、昔ほど一緒に行くことはなくなりました。

母親として、娘が成長し、親から離れ、自立していく姿はとってもうれしい反面、さみしくもあります。あと何年、こうやって娘と2人で楽しめるかしら、と思うと胸がキュッとなります。

ＵＳＪにはじめて行ったのは、娘の4歳の誕生日祝いのときでした。

初回ですっかり虜になった娘にせがまれ、足を運ぶうちに「年パスのほうが断然おトク！」と、娘が小学校に上がったのを機に年間パスを購入するように。

それからというもの、週末はいつもＵＳＪ漬けです。

最初は娘のために通っていましたが、そのうちにすっかり私もハマってしまい、週末が待ち遠しくなっていました。


いつも通りＵＳＪに向かった、ある日のこと。

「疲れたから、ちょっと休憩したいな」と言う私に向かって、

「わかった！　じゃあママは、ここで待ってて。私はおみやげ、見てくるから！」

と、駆け出す娘。

（ついこの間まで私にベッタリだったのに、小学校３年生ともなると、１人で行動できちゃうのね。女の子の成長は早い、早い）

そんなことを思いながら娘が戻ってくるのを待っていました。


しばらくすると、クルーのお姉さんと一緒に手をつないだ娘が戻ってきました。

「ユキ、どうしたの？」

娘は涙を必死にこらえようとしているのか、うつむいたまま言葉を発せずにいます。

「あの、娘が何かご迷惑をおかけしましたか？」

隣のクルーのお姉さんに聞くと、事情を説明してくれました。

「じつは……」

娘が向かったのはショップではなく「ハリウッド・ドリーム・ザ・ライド」、通称「ハリドリ」だったとのこと。ＵＳＪでも人気の高いジェットコースター型アトラクションです。

私に内緒で意気揚々と向かったものの、身長制限で引っかかり、残念ながら乗れなかったそうです。

うなだれながら私のもとへ戻ろうとしたとき、娘は年間パスをホルダーごと、どこかに落としてしまったことに気づきました

年間パスは再発行してもらえるのですが、そのことを知らない娘は、「ママに叱られちゃう！」と焦って、必死であたりを探し始めました。１人で、植え込みの中をのぞいたり、ベンチの下を見たりしていたそうです。

そんな娘に気づき、声をかけてくれたのが、クルーのお姉さんでした。

目に涙を浮かべながら事情を説明する娘に、

「1人で心細かったね。お姉さんと一緒に探そう！」

と明るく声をかけ励ますと、不安そうな娘の手をにぎり、一緒に探してくれたそうです。

しかし、なかなか見つかりません。

何度も泣き出しそうになる娘に、

「大丈夫。お姉さんに任せて。きっと見つかるから！」

と、そのたびにクルーのお姉さんはやさしく励ましてくれながら、ゲストサービスに届けられているかもしれないと問い合わせてみたり、他のクルーにも声をかけて娘が通った道を何度も探してくださったとか。

娘も、絶対に見つけようと必死に頑張ったそうです。

そして――。

「あった！」

娘の行動範囲から、やっぱりハリドリの付近に違いないとあたりをつけ、改めて入念に探したところ、入口近くの通路の片隅に落ちているのを見つけ出しました。

「よかったね〜〜〜！　これで安心してお母さんのところに行けるね」

お姉さんは、ぎゅっと娘をハグしてくれたそうです。


お姉さんが事情を説明し終わっても、娘はまだうなだれています。

身長制限でジェットコースターに乗れなかったこと、年間パスをなくしてしまったこと、何より私に内緒でジェットコースターに乗りに行ってしまったこと……。

「ママに叱られる」という不安や1人だった心細さなど、いろいろな気持ちがないまぜになっていたのでしょう。


「ユキ」

私が名前を呼ぶと、やっと顔を上げ、私と目が合うや大粒の涙を流しながら飛びついてきました。

「お母さん。娘さん、見つかるまで粘り強く探して立派でしたよ。怒らないでくださいね」

怒るもなにも……。

私は、無言で娘を抱きしめました。

まだ8つです。お姉さんと会うまでは1人でさぞかし心細かったでしょう。

なかなか見つからなくて、心が折れそうになりながら、でも負けずに頑張って最後まで探し続けた娘。1人ぼっちだったら、途中であきらめてしまっていたかもしれません。

見つかるまで頑張ることができたのは、クルーのお姉さんがずっと一緒に付き添ってくれたからです。

抱き合う私たちを見て、お姉さんはニコニコしています。

私たちは、彼女に何度もお礼を言いました。

「いいえ、見つけることができたのはユキちゃんがあきらめなかったからですよ。頑張ったね。えらい、えらい！　もう少し大きくなったらまた乗りに来てね。お姉さん、待ってるから！」

お姉さんの言葉に、娘は、やっと笑顔を見せました。

2月と早生まれの娘は、同級生の中でもいちばん身長が低く、学校でみんながハリドリに乗った、と楽しそうに話しているのを聞いて、「私も早く乗りたい！」と悔しい思いをしていたようでした。

いつまでも小さくて幼いと思っていた娘が、この日、私と離れてクルーのお姉さんと一緒に年間パスを探したことで、少し大人になったように思いました。

高校1年生になった娘は、私の身長と同じぐらいに大きくなりました。

まだまだ成長期ですから、母親の背を追い抜き、いつか巣立っていく日もあっという間にやってくるのでしょう。

それまであと少し。

なかなか子離れできない私は、今日もつい娘をＵＳＪに誘ってしまうのです。

STORY 04

女性船長

夏休みのある日。

妹と車いすの母とＵＳＪに遊びに行きました。女３人で久しぶりのＵＳＪを楽しもうと、ずいぶん前からこの日を楽しみにしていました。

「さあ、今日は思いっきり楽しもうね。最初、どこに行こうか？」

２人に聞くと、口を揃えて「ジョーズ！」と答えます。

なんでも、スリル満点のライド（乗り物）に乗ってスカッとしたいのだとか。

順番を待ちながら、ランチはどこで食べようか、この次は何に乗ろうか、など予定を相談していたときのこと。


「娘が寝ているのに、わざわざ起こせっていうのかっ!!」

ものすごい剣幕で怒鳴る男性の声が耳をつんざきました。

何事かと思い、声のするほうを見ると、ボートに乗り込んでいた年配の男性がクルーの若い女性に怒鳴っています。

どうやら、ボートの最後列に、祖父母と夫婦、その娘さんと5人で乗船したところ、お母さんが眠っている娘さんを抱っこしたまま乗船したため、クルーが娘さんを見逃してしまい、あとから定員オーバーであることがわかり、下船させられたようでした。

「1度乗せたのに、ふざけるな！」

クルーのお姉さんは男性の勢いに顔をこわばらせながらも、

「お客さまには申し訳ございませんが、次の便に乗船していただけますので、少しお待ちください」

と、努めて冷静かつ丁重に説明していました。

しかし、男性の怒りはおさまりません。その大きな怒鳴り声に、一瞬にして、並んでいた人たちみんなの楽しい雰囲気がかき消され、不穏な空気に。

男性の気持ちもわからなくはないですが、せっかくの母と妹との時間を台無しにしたくはありません。なんとか明るい気分を取り戻すべく、2人に話しかけながら自分たちの乗船を待っていました。

不運なことに、さんざん怒鳴っていた男性と同じボートに乗船することになってしまいました。ボートに乗ったあとも、何やら文句を言っています。

(ああ、イヤな人たちと一緒になっちゃった……)

正直、そう思ってしまいました。他の同乗客もそう感じているようでした。

これから始まるスリリングな体験に、みんな高揚しているはずなのに、先ほどの事件があとをひいて、ボート内はかたい雰囲気が拭《ぬぐ》えません。

（こんな雰囲気で乗っていても楽しくないな……）

そう思っていると……。

「みなさん改めましてこんにちは！　本日、担当させていただく○○と申します！　これからアミティ・ビレッジの美しい漁村の風景を眺めながら、クルーズを進めてまいります！」

それはまるで、あたり一面の曇り空にサッと差し込んだひと筋の光のような、そんな声でした。

私たちは、女性船長の毅然《きぜん》とした態度に感動しました。威圧的な男性の怒鳴り声に萎縮《いしゅく》することなく、満面の笑みを浮かべ、楽しそうにクルージングの案内をしてくれる健気《けなげ》さに胸を打たれたのは、私だけではありませんでした。

それは、彼女を応援しようと、乗客みんなが拍手をしたり、声を上げたりしている様子から伝わってきました。

その様子に、私は船の最後列から大声援を送りました。

「イエ――――イ!!」

恥ずかしいけど、そんなこと言っていられません。

すると、ボートのあちこちから、同じような歓声が上がりました。

そして気づけば、乗り込んでからもずっとブツブツ文句を言っていた、あのファミリーも楽しそうにしているではありませんか。

よかった、よかった。彼らも私たち同様、楽しみたいと思ってUSJにやってきたはず。途中、ちょっとつまずいてしまったけれど、その気持ちが戻ってきたようです。


大盛り上がりの中、クルーズはクライマックスへ。

これまで、のんびりとボートが進んでいたところに……、巨大サメが出現!!

危険な事態に、笑顔が消える女性船長。

「みなさん、大丈夫です。私がこれで退治いたしますのでご安心ください!」

勇敢な船長がライフル銃を取り出します。

バン!

「ああ、はずれた〜」

落胆の声。

「へたくそ〜〜〜！」

そこに笑いを含んだヤジが浴びせられると、船上が爆笑の渦に。

その声の主は、なんと、さっき怒鳴っていたあの男性ではありませんか。

すっかりジョーズの世界に入り込み、「ほら、もっとしっかり！」などと女性船長に笑って声をかけています。


ザッパーン！

「キャー――――‼」

ジョーズが大きな口を開けて船に襲いかかると、水しぶきが乗客に飛びかかります。

私も左半身がびしょびしょに。でも、夏の暑い日。かえって気持ちいいくらいです。

みなさん、そうなのでしょう。船上が清々《すがすが》しい笑い声でいっぱいになっていました。

出発時のあの暗い雰囲気は、もうどこにもありません。

「濡れたな〜」

「でも、おもしろかったなぁ」

ボートから降りるとき、あの男性が笑顔でそう言っているのが聞こえました。

「ありがとう！」

最後は、女性船長にお礼を言うと、手を振って去っていきました。

次の乗船へと向かう女性船長も、笑顔で私たちに手を振ってくれました。


「ＵＳＪって、すごいわね。どんな人も、みんなが笑顔になっちゃうんですもの」

「ほんと、あの女性船長さん、カッコよかった〜」

母と妹の会話に、全力でうなずく私。

絶体絶命のピンチから脱出する迫力満点で、大好きなアトラクションなのですが、
この日は、男性の怒鳴り声を聞いたとき、切実に絶体絶命だと思いました。

でも、女性船長の明るく毅然とした態度のおかげで、乗組員全員が１つになって危機を乗り越えることができ、結果的にいつも以上に楽しい時間を過ごせました。

トラブルをものともせず、楽しい時間に変えちゃうクルーは、やっぱりすごい！

またあの船長のボートに乗れたらいいな。

STORY 05

MVP

ある年のクリスマスシーズン。

パーク内にはこの日も、ウッディー・ウッドペッカーやエルモ、ハローキティ、スヌーピーなど、子どもたちに人気の高いキャラクターたちがたくさんいました。

「わー、スヌーピーだ！」

キャラクターの存在に気づいた5歳くらいの女の子が、うれしそうにそばに駆け寄っていきます。

私は微笑《ほほえ》ましくその様子を見守っていたのですが……。

「キャー、一緒に写真撮って～～」

高校生くらいの女性グループが女の子を無視して、あっという間にスヌーピーのまわりを取り囲みました。

「かわいい～～！」

「ねえねえ、握手しよ～！」

彼女たちはスヌーピーと握手したり、抱きついたり、写真を撮ったりとせわしなく動いています。

私は気になって、駆け寄っていった女の子を見ました。

お姉さんたちに囲まれたことで、スヌーピーの前には記念撮影の列ができてしまい、近寄れません。

女の子は泣きそうな表情で立ち止まると、母親のもとへ駆け戻りました。

「順番がくるまで、待とうね」

お母さんが、足にしがみついて何かを訴えている女の子の頭をなでながらなだめますが、女の子は、イヤイヤをするように首を振るばかり。

「みんなのスヌーピーなんだから仕方ないでしょう。もう、ワガママ言うんじゃないの」

お母さんは困ったように説明していますが、女の子の目にはみるみるうちに涙がたまってしまいました。

そのとき、白い制服を着たクリーニングサービス・クルー（清掃のクルー）の青年がスッとやってきました。

母娘の前で立ち止まり、しゃがんで女の子に声をかけます。

「ねえねえ、見て。ほら、ここにもスヌーピーがいるよ」

笑顔でそう言うクルーのお兄さんを、女の子は不思議そうに、きょとんとした顔で見つめています。

クルーのお兄さんは女の子にニッコリ笑いかけると立ち上がり、マジックショーのような軽《かろ》やかな身振りで、手にしていた掃除道具であるウォータースプレーを器用に操り、乾いたアスファルトに何かを描き出しました。

(何を描いているんだろう?)

そう疑問に思ったのもつかの間、あっという間に、地面にスヌーピーの絵が完成しました。

「わー―、スヌーピーだ、スヌーピーだ。お兄ちゃん、すごぉい!」

女の子は飛び上がって喜んでいます。

ついさっきまでべそをかいていたのに、瞳を輝かせて好奇心いっぱいといった表情で、クルーのお兄さんを見つめています。


「きみのお名前は？」

「マイ！」

「マイちゃん、こんにちは！」


お兄さんはそう言うと、ふたたび床に向かって何かを描き出しました。

吹き出しと、

『Ｈｅｌｌｏ！　ＭＡＩ！』

の文字。


「ほら、スヌーピーがマイちゃんにあいさつしているよ」

「こんにちは、スヌーピー！」

女の子はすっかりスプレーアートに夢中です。

「なに、なに？」

その様子に気づいた先ほどの高校生くらいの女性グループが、今度はクルーのお兄さんのまわりを取り囲みます。

（ああ、また女の子の楽しみが取られちゃう……）

苦《にが》い気持ちになりかけたところ、クルーのお兄さんはみんなが見えるように、場所を変えながら、次々とセサミストリートのキャラクターをアスファルトに描いていったのです。

「わー、こんどはエルモだ！」

エルモにクッキーモンスター、
その上には、

『Merry Christmas!』

と描かれています。

クルーのお兄さんの動きは、まだまだ止まりません。

クリスマスツリーに雪だるまと、いろいろなイラストを、移動しながらどんどん描いていきます。

「わ――っ……！」

「あのクルー、すごい！」

「絵が上手ね～」

見事なパフォーマンスに、見ていた周囲の人たちから、歓声が上がります。

人だかりをすいすいとよけながら、どんどんイラストを描いていくお兄さん。

女の子とお母さんは、そんなクルーのお兄さんのあとを歓声を上げながら楽しそうに追いかけていきました。

ほんの数分の出来事でしたが、だれのことも傷つけずにみんなを楽しませるクルーのお兄さんの機転の利いた行動に、私は舌を巻きました。

もし、クルーのＭＶＰ賞があるなら、この日のＭＶＰ賞は彼にあげたい！

そう思うほど、彼の行動は素晴らしいものでした。

ＵＳＪでは、クルーも１つのアトラクションだと言われています。

まさにあの女の子にとって、その日、いちばんのアトラクションはクリーニングサービス・クルーのウォータースプレーアートだったに違いありません。

STORY 06

「おかえりなさいませ」

「魔法界へおかえりなさいませ」

ホグズミード村の魔法使いに扮したクルーが声をかけてくれます。

「やぁ、ただいま」

僕は、あいさつを返しながら、人間界から本当に飛び出したような気分に。


（やっぱ、ＵＳＪ、最高！）


２０１４年7月15日、ＵＳＪの新しいエリア「ウィザーディング・ワールド・オブ・ハリー・ポッター」のグランドオープン日。

この日をずっと楽しみにしていた僕は、前日の夜から徹夜で並びました。

小学校のとき、ハリー・ポッターの第一作目の映画を観て以来、その世界にすっかり虜になった僕。原作もすべて読破し、いまもハリー・ポッターに関する新しいトピックはすべてチェックしています。

（ついに、ハリー・ポッターの世界を再現したエリアに行けるんだ……！）

そう思うと、徹夜もまったく苦ではなく、疲れも感じませんでした。

開園と同時に、エリアまで急いで向かいました。

うわぁ――――っ……。

思わず息を飲みました。これまでに何回も観てきた映画の中のホグワーツ城がそのままの姿でそびえ立っていたのです。

もう、「すごい！」としか言いようのないクオリティです。

城を支える岩山の迫力、城外壁の苔《こけ》の生え方まで、すべてが「本物」。「再現」というより、それはもう「本物」そのものでした！

現実世界とは思えないその景色に圧倒され、自分が本当に魔法界に迷い込んでしまったかのようでした。

すっかりハリー・ポッターの世界に魅了された僕は、この日から何十回とここを訪れました。

本物さながらのお城や景色などのハード面のカッコよさに魅せられたから……という理由だけではありません。

はじめてホグワーツ魔法魔術学校（ハリー・ポッターが魔法使いの勉強をするために入学した学校）の制服である、ローブとネクタイを身につけてハリー・ポッターエリアを訪れたときのこと。

最初に会ったクルーから、

「魔法界へおかえりなさいませ」

と、声をかけられました。

何度かハリー・ポッターエリアに来たことがありますが、それまでそのように声をかけられたことはありませんでした。

きょとんとしていると、

「ローブがお似合いでカッコイイですね！」

と言ってくれました。

（あ！）

そこでクルーの言葉の真意に気づきました。

（僕がホグワーツ魔法魔術学校の制服を着ているからか……！）

まわりを見ると、クルーが「おかえり」と声をかけているのは、すべて制服を着ているゲストだったのです。

「授業は大丈夫ですか？」

「先生に見つからないように帰ってくださいね」

など、他のクルーからも、どんどん声をかけられます。

本当の魔法学校の生徒に接するかのような扱いに、自分が本当に大好きな魔法界にいるような気分に。

ハリポタファンの僕は一気にテンションがＵＰしました！

それからはＵＳＪに行くときは必ず、ホグワーツの生徒になりきっています。

僕が持っているホグワーツの制服のローブは２種類。

グリフィンドール寮とレイブンクロー寮のものです。

あるとき、スリザリン寮のローブを身につけた友人と、グリフィンドールのローブを着て歩いていると、

「おや？　お２人は仲がいいのですか？　大丈夫？」

と、声をかけられました。

原作では、グリフィンドール寮のハリー・ポッターとスリザリン寮のマルフォイの仲が悪いためです。

僕は、その細かなツッコミに感動すら覚えました。


また別の日、夜に訪れたときのこと。

ライトアップされたホグワーツ城は幻想的に美しく、昼間とはまた違った魅力があります。

僕がその姿に見惚《みと》れていると、

「グリフィンドールの生徒さんじゃありませんか。門限は大丈夫ですか？」

と注意（演出上の）を受けました。

これには、思わずニヤリ。

「あ、もうこんな時間だ。寮に戻ります！」

ハリー・ポッターの世界に入り込み、そんなセリフが出てしまったくらいです。


エリア内のクルーの多くが、ハリー・ポッターの物語を熟知していて、いつ遊びに行っても、その世界観をリアルに演出してくれます。

仕事やプライベートでどんなにイヤなこと、つらいこと、悲しいことがあっても、ここに来ると、人間界（現実）であったことはすべて忘れて、思いっきり楽しむことができます。

心が洗われ、また明日から頑張ろうと思える、まさに魔法の場所なのです。


（あ〜、今日も最高だった！）

（また元気が足りなくなったら、ここに帰ってこよう）

きっとクルーは、いつでも「おかえりなさい」と僕を迎えてくれるはずです。

STORY 07

世界最高のアトラクション

「こんにちは！　ＵＳＪを思いっきり楽しんでますか？」

数年前のある晴れた春の日、パーク内を歩いていたら、元気いっぱいの声が聞こえてきました。

声の方向を見ると、これまで見たことのない赤い制服を着たクルーが集団で歩いています。

そのうちの１人が、小さな男の子連れのファミリーに声をかけていたところに出くわしたのでした。

（あの赤い制服のクルーは何をする人たちなんだろう）

はじめて目にする制服に興味を抱き、しばらく観察することに。

声をかけたクルーが、ひざをついて男の子と同じ目線になって、何やら楽しそうに話しています。

男の子もはにかんでいて、なんだかうれしそう。

「イェーイ！」

しばらく話したあと、最後はお子さんと、お父さん、お母さんと片手でハイタッチして別れ、クルーたちはまた歩き出しました。

私はその一部始終が不思議でなりませんでした。

当時、ゲストからＵＳＪクルーに質問したり、尋ねたりすることはよくあるものの、逆にクルーからゲストの輪に入り、あんなふうにフレンドリーに話しかけることはめったになかったからです。

クルーに話しかけられたファミリーはとても楽しそうにしていて、別れ際にハイタッチまでしていました。

いったい、どういうことだろう……。

どうしても気になった私は、赤い制服のクルーに聞いてみました。

「見かけない赤い制服ですが、みなさんはどういうお仕事をされているんですか？」

すると、クルーの方たちは、よくぞ聞いてくれました、というようにパッと笑顔になりました。

「私たちは、パークコンシェルジュなんです！」

「パークコンシェルジュ……？」

はじめて聞くフレーズです。

私は、たたみかけて質問しました。

「パークコンシェルジュって、何ですか？」

「はい。困っているお客さまを見かけたら、積極的に私たちクルーから声をかけ、ご案内をしたり、ご要望にお応えする新しいゲストサービスなんです。私たちは、いまその研修中で、もう少ししたらパークに導入される予定なんですよ」

「へえ！　いつから始まるんですか？」

「今年の4月末、ゴールデンウィーク頃からを予定しています」


テーマパークは、仕方がないとは思うものの、人気のアトラクションに乗るために長時間待たなければいけなかったり、目的地になかなかたどり着けずに迷ってしまったり、目当てのグッズが売り切れでなかったり、ドリンクが欲しいのにすぐには販売場所がわからなかったりすることがあります。

そんな大小のストレスが重なると、せっかくの楽しい気持ちが削がれてしまいます。研修中だという彼らは、きっとそんな私たちゲストの気持ちを察し、さまざまなサポートをしてくれるに違いありません。

また、先ほど彼らは、膝をついて小さなお子さんと目線を合わせて会話をしていました。目線が同じ高さになったおかげで、男の子との距離も縮まり、男の子はとてもリラックスした表情でクルーとの会話を楽しんでいるようでした。

私は、新しいサービス「パークコンシェルジュ」に大きな期待を抱きました。

「そうなんですね、楽しみです！　頑張ってくださいね！」

そう伝えると、クルーは引き締まった表情になってうなずき、

「はい、ありがとうございます！」

と答えてくれました。

いち早く新しいサービスに触れることができた私は、なんだか得した気分で、その日は赤い服のクルーの姿ばかり探してしまいました。

「ハッピー、ハロウィン！」

それから数年後、ハロウィンが近づいたある日。

パーク内を歩いていると、赤い制服の女性が10代と思われる女の子2人組に声をかけているところに出くわしました。

（あ！　パークコンシェルジュだ！）

私は、デビューしたパークコンシェルジュの姿にうれしくなり、彼女がゲストとどんなコミュニケーションをとるのか、つい目で追ってしまいました。

パークコンシェルジュの彼女は絶えず笑顔を浮かべて、大きな身振り手振りで女の子たちに積極的に何か話しています。

どうやら、女の子たちは友だち同士で写真を一緒に撮りたいらしく、デジカメを手にもじもじしています。

それを察したパークコンシェルジュが、喜んで、というようにデジカメを受け取り、こんなことを言っているのが聞こえました。

「ここは、ハリウッドの大女優が歩くハリウッド大通りです。お2人も女優さんになった気持ちで、最高の笑顔を見せてくださいね♡」


その言葉に、思わず笑ってしまう女の子たち。

きっと、最高の1枚を撮ってもらったのでしょう。

彼女たちの笑顔を見て、なんだか心が温かくなりました。


それからしばらくしたある日。

テレビでＵＳＪの特集がされていました。

なんとそこには、パークコンシェルジュの姿が。

どんなことが放送されるのだろうと、ワクワクしてテレビを食い入るように見つめました。

画面には、パーク内でゲストに笑顔で声をかけるパークコンシェルジュの姿が。

インタビュアーからのいろいろな質問にも答えています。

その中の、ある言葉に、私はハッとしました。

「ＵＳＪにはたくさんの世界レベルのアトラクションがありますが、私たちクルーそのものが世界最高のアトラクションになりたいと思います！」

（そうか、ＵＳＪではクルーもアトラクションなんだ！）

楽しいクルーとの触れ合いはＵＳＪの魅力の１つで、クルーに会いにＵＳＪに行く人もいるくらいです。

あれから、私はＵＳＪに訪れるたびに、ゲストに楽しんでもらいたいという思いが全身からあふれているパークコンシェルジュと、実際に話しかけられたゲストが笑顔になっている姿を何度となく見てきました。

彼らはたしかに、ＵＳＪのもう１つの「世界最高のアトラクション」なのかもしれません。

STORY 08

さようなら、E.T.

「今日で最後か……」

2009年5月10日の早朝。

この日、私は電車に乗って、友人とUSJへ向かっていました。

今日で最終日を迎える、大好きな映画『E．T．』のアトラクション「E．T．アドベンチャー」に乗るためです。

地球に調査にやってきたものの、1人取り残されてしまった宇宙人と10歳の少年の交流を描いたスティーブン・スピルバーグ監督によるこの作品を、私は子どもの頃、心を躍らせて何度も観たものでした。

すっかりE．T．が大好きになってしまった私は、USJ開園以降、E．T．の世界観を味わえるこのアトラクションに何度乗ったかわかりません。

「E．T．アドベンチャー」に乗ることだけを目的にUSJを訪れたことがあるくらい、大好きなアトラクションでした。

しかし、いつもはワクワクした気持ちで向かうUSJへの道も、今日の私には何の魅力も感じられませんでした。

ふだんはおしゃべりの友人も、今日は口をつぐんでいます。

ニュースでこのアトラクションが終わってしまうことを知った私は、すぐに友人に連絡をとり、最終日に最後のE．T．アドベンチャーに乗りに行こうと誘いました。

同じくE．T．好きの友人は、私が誘いの言葉を言い切るよりも早く、「もちろん！」と二つ返事。


当日、USJに着くと、私たちはオープンと同時に真っ先にハリウッド・エリア内のショップ「E．T．トイ・クローゼット」へ。
E．T．からのサプライズプレゼントがあるという特別パスを購入するためです。
ショップには、最終日の特別パスを購入しようと、たくさんの人が。

その表情は、私たちと同じように少し暗く、パーク内を歩いている他のゲストの笑顔とは対照的でした。

（ここに並んでいる人たちはみんな、同じ気持ちなんだな……）

数に限りがあるため、売り切れないかとドキドキしましたが、手に入れられたことにホッとひと安心。

購入したパスには、こう書かれていました。

「今日は会いに来てくれてありがとう。
E.T.は、やっと、おうちに帰ることができます。
地球でさまざまな人と出会い、愛され続けてきたE.T.。

今日、E.T.はみんなのおかげで、故郷の星グリーンプラネットに帰ることができます。ありがとう、ともだち」
E.T.からのお別れのメッセージ。
映画のラストシーンを彷彿《ほうふつ》とさせる演出に、一瞬、心が弾んだものの、E.T.とお別れしなくてはならないことを思い知らされ、私はより強く落ち込んだのでした。

アトラクションにはE.T.と最後のお別れをしようと、たくさんの人が押し寄せていました。表示を見ると、なんと、4時間待ち!

そのまわりには、たくさんのマスコミの姿がありました。カメラを持った人にマイクを持った人、並んでいる人にインタビューをする人……。

（本当にたくさんの人に愛されていたんだな……）

私は映画をはじめて観たときのこと、E．T．アドベンチャーにはじめて乗ったときのこと、それ以降、ここで何度もE．T．と会い、そのたびに元気をもらったことを思い出しました。

特別パスを持っている人へのE．T．からのサプライズプレゼントは、E．T．に言ってもらいたいメッセージをチケットに書き残しておけば、アドベンチャーの最後に自分に向けてその言葉を伝えてくれるというものでした。

しばらく考えて、私と友人は、「アリガトウ」と書きました。

これまで何度も何度もこのアトラクションに乗ってきた私たちの、嘘偽りない感情。この言葉をE．T．に伝えたい、共有したい、そう思ったのです。

自転車に乗ってアトラクションがスタートしました。

最後のE．T．アドベンチャー。

いろいろな思いを胸に抱えながら、森の中をライドしていきます。

ラスト、自転車が空を飛び、グリーンプラネットへ。そして、いよいよフィナーレに。E．T．からのメッセージをドキドキしながら待ちました。

――――。

しかし、どういうわけか、E．T．は何も言ってくれません。

（いったいなぜ……？）

私はショックで周囲もはばからず、がっくりとうなだれてしまいました。

一緒に乗った友人も隣で呆然《ぼうぜん》としています。

（最後だったのに……）

「お客さま、どうかなさいましたか？」

その声に視線を上げると、そこには若いクルーの姿が。アトラクションから降りた私たちの表情が暗いことに気づいて声をかけてくれたようです。

　私たちは顔を見合わせたあと、E．T．からのメッセージがなかったことを正直に伝えました。

「アトラクションが終わってしまうだけでも寂しいのに、最後のメッセージも聞けなかったことが本当にショックで……」

　するとそのクルーはあわてた様子で、「それは大変申し訳ございませんでした！」と深く頭を下げると、「少々お待ちください」と私たちに伝え、すぐにどこかに連絡をとり始めました。

　しばらくして再度私たちに向き合うと、原因はシステムのトラブルだったと教えてくれたうえで、とびっきりの笑顔で、こう伝えてくれました。

「E．T．は今日、ふるさとのグリーンプラネットに帰ります。ぜひ、もう1度乗って、E．T．からの最後のメッセージを聞いてくださいませんか？」

　思ってもみない言葉に、思わず友人と顔を見合わせ、

「そうさせてください！」

　と、声をそろえて2人で即答しました。

クルーの配慮により、待つことなくすぐに乗れることに。今日、2度目のアドベンチャー。そして、これが本当に最後のE．T．です。

ふたたび自転車に乗って空を飛び、グリーンプラネットへたどり着きました。

目の前に、E．T．が現れます。

そして――。

「ア　リ　ガ　ト　ウ」

E．T．に伝えたかった、そしてE．T．に言ってほしかった、最後のメッセージ。
その言葉に、これが本当に最後なのだと実感し、胸がぎゅっと締め付けられました。

私は、E．T．の姿をしっかりと目に焼き付けました。

（E．T．、たくさんの夢と感動をキミから受け取ったよ。こちらこそ、ありがとう）

「E．T．アドベンチャー」は終了しましたが、USJに行くたび、今でもこの日のことを思い出します。あのときのクルーには、感謝してもしきれません。

最後にE．T．とのお別れをさせてくれて、本当にアリガトウ。

STORY 09

母とシェフのシール

「ねぇ、疲れてない？　ずっと歩いているし、少し休む？」

「なに言ってるの、大丈夫よ。次はウォーターワールドを観るんだから、早く行かなきゃ！」

そう言って、すたすた歩き始めたかと思うと、振り返って、

「ほら、早く早く」と、急《せ》かします。


私を急かすのは、70代半ばの母。

私も母もUSJが大好きで、頻繁に訪れては、ライドに食事にショーと、いつも思いっきり楽しんでいます。

70代と高齢の母ですが、娘の私が感心してしまうほどUSJではいつも以上に元気です。

ただ、この日は夏本番ではないにしろ、初夏の陽気。70代の母は、少ししんどそうです。


（お母さんも、〝ゲストサポートパス〟を利用すればいいのに）

どうしても体調が心配で、そんなことを思ってしまいます。

ゲストサポートパスとは、ＵＳＪのバリアフリーサービスの一環で、待ち列に長時間並ぶことが困難な高齢者や障がいを持った方、妊婦さんなどを対象に、アトラクションを待っている間、好きな場所で時間を過ごせるというもの。

母はすべり症で足腰に痛みがあるのですが、「申し訳ないし、いつまでも気持ちは若くいたいから」とＵＳＪに行く日は朝に痛み止めを飲んで、いままで1度もこのサポートパスを使ったことがありません。

人気のアトラクションは何時間も並んで待たなければならず、体調が心配になることがたびたびあります。

せめて、そういうときだけでもサポートパスを利用すればいいのに、母は「いや大丈夫！」と毅然として、一般のゲストと同じように並んで待っています。

（ま、大丈夫って言ってるし、大丈夫かな）

そんなことを考えていたら、前から母の声が。

「あ、ほら、ねぇねぇ、あそこでも」

急に歩を止めた母が数メートル先を指さします。
「ＵＳＪ、楽しんでるかな～？　はい、これどうぞ」
「わ～、スヌーピーのシールだぁ。やった～！」

母が指さした先では、クルーのお姉さんが小学校低学年くらいの男の子にシールをプレゼントしていました。

ＵＳＪでは、クルーのみなさんがエリアや職種などによって異なるバラエティ豊富なシールを持っていて、お願いすればもらえるらしいということは知っていましたが、母も私も、ずっと、それは子どもだけへのサービスだと思っていました。

しかし、以前訪れた際に、クルーの方が私たちに「よかったらどうぞ」とシールをくれたのです。

「え、いいんですか？　お子さんだけじゃないんですか？」

「いえいえ。ゲストの方でしたらどなたにも差し上げていますよ！」

それからというもの、パークでお子さんがもらっているのを見かけると、私たちも列に並んでシールをもらって集めるようになりました。

もちろん、このときも母は男の子の後ろに並び始めました。

「ふふふ、これでまたコレクションが増えたわ。今日は何枚もらえるかしらね」

子どものようにはしゃぐ母の姿に、思わず笑みがこぼれました。

お昼過ぎ、小腹が空いた私たちはアズーラ・ディ・カプリでピザを食べることに。おいしいランチに満足し、お会計をしようとお財布からお金を出すと、お釣りと一緒に女性の店員さんがシールをくれました。

思いがけないサプライズに、「わあ、うれしい！　シール集めてるんです！」と言うと、

「そうなんですね！　じゃあ、ちょっと待っててください！」

と言って、厨房のほうへ姿を消しました。

「何かしら」

「なんだろうね？」

2人でワクワクして待っていると、なんと、シェフしか持っていないというエルモがフライパンを手にしているシールを持ってきてくれたのです。

「これ、レアなシールなんですよ。シールを集めていると教えてくださったので、よかったらコレクションに加えてください！」

これには私も母も大感激！

「シェフに会えることなんてなかなかないから、本当にレアね。とってもうれしいわ。お姉さん、本当にありがとう」

ほくほくした気持ちで家に帰ると、

「あら～～！」

母が大きな声を出します。

「どうしたの？」

「見てよ、これ」

何かと思えば、先ほどレストランでもらったシール。

「ほら、裏に」

言われて裏を見ると、

『また来てね！　待ってるよ～～♡』

と手描きの文字とともに、スヌーピーの絵まで書いてありました。

私と母は、ふたたび感動。

「きっとあれよ。お母さんがいつもサポートパスを使わずに、元気に若い人たちと同じようにＵＳＪを利用しているから、そのご褒美だね」

「あらぁ。そうだったらうれしいわねえ。このシールはお守りにしよ」

母はそう言うと、他のシールとは別に、お財布の中に大事そうにしまいました。

（お母さんの元気の秘密は、ＵＳＪなのかもしれないな）

子どものようにはしゃぐ母の姿に、そんなことを思いました。

（これからも元気でいてね。ずっと一緒にＵＳＪに行こうね）

STORY 10

オーストラリアの弟家族

「ウオ～～～～～～～～ッッッ!!」

ＵＳＪに新しくできたばかりのジェットコースター「バックドロップ」で絶叫しているのは、私の弟と、弟の義父、義弟の３人。弟は40代、義父は還暦近い、いわゆるいい大人です。

（大丈夫かしら……）

この日、オーストラリア人の女性と結婚してオーストラリアに住んでいる弟ファミリー７人と私と高校生の娘、母との、総勢10名の大所帯でＵＳＪにやってきました。日本に遊びに行くことが決まったとき、弟が「どこか行きたいところはある？」と聞くと、ファミリー全員が、

「ユニバーサル・スタジオ・ジャパン！」

と即答したのだそう。

そして、ＵＳＪが大好きな私に案内役として白羽の矢が立ったのでした。

弟の義両親は、オーストラリア人らしく2人とも大柄で、陽気な性格。ＵＳＪにずっと来てみたかったのだと、うれしそうに教えてくれました。

（7人のために、今日を最高の1日にしなくっちゃ！）

そう意気込んで、さっそく入場ゲートでクルーに弟のお義母さんが今日誕生日であることを告げ、バースデーシールをもらいました。

顔にバースデーシールを貼ってもらうと、「アイム・ソー・ハッピー‼（すごくうれしいわ‼）」と大喜びです。

弟ファミリーはテーマパークが大好きで、家族でよく遊びに行くそうなのですが、みんな、「いつも行くテーマパークより、ＵＳＪのほうが楽しい‼」と大興奮。

アトラクションやショーを次々とまわりました。

「ワンダフル！（素晴らしい！）」
「アメイジング！（すごいな！）」
「アンビリーバブル！（信じられないよ！）」

何を見ても、何をやっても、目を丸くして感嘆の声、声、声。

いつもは自分が楽しむことが優先の私ですが、この日ばかりはホストに徹しようと、事前に入念なプランを練ってきました。アトラクションやショーを吟味《ぎんみ》してプランを考えてきたので、喜んでもらえて、頑張った甲斐があったと胸をなでおろします。

同時に、日本のＵＳＪが、外国の人も楽しめるものであることに、なぜか私が誇らしい気持ちに。

（ね？　ＵＳＪって楽しいでしょ？　ライドもすごいし、クルーのおもてなしも最高でしょ？）

と、心の中でこっそり自慢してしまいます。

激しいライドに続けて乗ったので、ちょっとどこかでひと休みしようかと、思っていた矢先。

「あれに乗りたい！」

弟のお義父さんが目を輝かせて指さしたのが、バックドロップでした。

「あれは後ろ向きに走るジェットコースターで、かなりハードな乗り物ですよ」

私は還暦近い年の弟の義父が乗っても大丈夫なのだろうか、と心配になって言うと、

「ノープロブレム！（問題ないさ！）」

と胸を張ります。

「いいじゃん、俺《おれ》も乗りたい」

「ミートゥー！（僕も！）」

弟と弟の義弟までのっかります。

こうして、体の大きな男たちが楽しそうにはしゃぎながら、バックドロップに乗り込んだのでした。


他のメンバーは、下で見守ることに。

ゴトゴトゴトゴト……。

コースターがゆっくりと上昇していきます。

その姿は確認できませんが、私までドキドキしてきました。

そして、地上43メートルの頂点に達すると、一気に急降下。

キャ――――――……!!

絶叫が、私たちのところまで聞こえてきます。

バックドロップは後ろ向きに乗車しているので、前が見えず、次に何が起きるのか予測できないため、普通のジェットコースターよりもはるかにスリリングなのです。


(本当に大丈夫かしら?)

コースターが横に旋回《せんかい》するのを見て、ふと不安に。

しかし、そんな心配はまったくいりませんでした。

降りてきた3人を迎えると、

「ワンダホ~~~~~~!!(素晴らしいよ!!)」

頬を上気させ、大興奮。

オーストラリアでテーマパークには何度も行っているけれど、ジェットコースターは初体験なのだそう。こんなに楽しい乗り物だったのかと、感激しています。

「すごく楽しかった！」と、まるで子どものようなはしゃぎっぷり。

そのあとも夜までたっぷり遊んで、ＵＳＪを大満喫しました。


数日後、弟家族がオーストラリアに帰国する際、空港まで送りに行ったときも、「ＵＳＪに行けてよかった。いちばんの思い出になったよ」と何度もお礼を言われました。

こんなにも喜んでもらえて、ホスト冥利《みょうり》につきます。

(私の大好きなＵＳＪに、海外の大切な家族を連れて行けてよかったな)

なかなか会えないからこそ、ＵＳＪで過ごした濃密な時間は、忘れられない最高の思い出となりました。


それからしばらくして、弟から手紙が届きました。

大阪帰郷の際のお礼とともに、１枚の写真。

そこには、ジェットコースターをバックに満面の笑みを浮かべ、グーサインを出している弟のお義父さんとお義母さんが。

あれからジェットコースターにハマったお義父さんに加え、お義母さんもオーストラリアでジェットコースターを初体験したのだとか。いまでは2人してテーマパークに行くたびに楽しんでいるのだそう。

（ふふふ。まさかUSJをきっかけに、2人がジェットコースター好きになるなんてね）

またいつでも、日本に遊びに来てくださいね。

そのときはまた一緒に、USJに行きましょう。

STORY 11

世界一のツリーが見守る中で

キンと冷えた空気が身にしみる冬の夜。ＵＳＪは、幻想的な空間になります。あたりが暗くなると、パーク内のあちこちがクリスマスイルミネーションで輝き出します。

圧巻は、世界一の輝きとしてギネスに認定されたクリスマスツリー。高さ36メートルのツリーには数十万個もの電球が飾られていて、まばゆいほどの輝きは世界一の名に恥じない圧倒的な美しさです。

「わー、すご〜〜〜い！」
「こんな大きなツリー、見たことない！」
「キレ〜〜〜〜〜イ！」

点灯と同時に、パークを歩いていたゲストから大きな歓声があがります。あまりの美しさに、胸に手を当ててため息を漏らしている女性も。

何度もこの巨大ツリーを観ていても毎回、感動します。ついつい時間を忘れて、光のハーモニーに魅入《みい》ってしまうのです。

（そろそろ始まるかな……）

この日、私がＵＳＪに来た目的は、光と音楽で演出されるツリー・イルミネーションショー「ジョイ・オブ・ライツ」を観ること。

ショーの最中にプロジェクション・マッピングでゲストから募集したメッセージがステージに投影されるのですが、それが大人気で、ぜひ１度観たいと思ったのです。

緑を基調とした色とりどりの光の渦に夢中になっていると、

「エンジョイ、ジョイ・オブ・ライツ！」

と英語のアナウンスが流れ、「ジョイ・オブ・ライツ」が始まりました。

クリスマスツリーの隣のイルミネーションで光輝く建物に、それぞれの想いがこもったメッセージが投影されます。

「今日までずっと一緒にいられてよかった。
みんなは大切な一生の友だちです。
これからもよろしくね」

「ママへ。お誕生日おめでとう。

心配ばかりかけてごめんなさい。

いつもそばで見守ってくれてありがとう」

「まっすぐ前を見て一歩一歩進んでいるあなたから、
いつも勇気をもらっています。
お互い、絶対に夢を叶えようね！」

友人へ、両親へ、恋人へ……。

大切な人を前に、直接は恥ずかしくて言葉にできない本当の気持ち、感謝やねぎらい、励ましが次々と映し出されます。

幻想的なイルミネーションの光と音楽が、メッセージに込められた想いを、より相手の心へ届けてくれているようでした。

見ず知らずの人たちのメッセージですが、そこに込められた想いはどれもすべて真剣で、愛情がこもっていて、僕は1つひとつのメッセージを読みながら、胸が熱くなりました。

そして、あっという間に最後のメッセージに。
美しい映像とともにメッセージカードが開かれると、

わぁ――――――っ……！

ひときわ大きな歓声が上がりました。
そこには……、

「いつも支えてくれてありがとう。
これからは僕がキミを支えます。
僕と結婚してください」

の文字が。

「プロポーズだ！」

「ステキ〜！」

「わ〜！　いいね〜」


会場が一気に盛り上がります。

メッセージの贈り主はどこだろう。だれもがキョロキョロとする中、みんなの視線を集めている若い男女がいました。

たくさんの人が見守る中、男性は緊張した面持《おもも》ちで指輪を差し出します。

そして、

「僕と結婚してください」


と、目の前の女性に直接プロポーズの言葉を告げました。

女性の目には、みるみる涙がたまっていくのが見えました。

周囲が固唾《かたず》を飲んで見守る中、女性が大きく1度、うなずきました。

ワァ―――――――――ッ!!

その瞬間、会場中から喜びの声が。

男性は弾ける笑顔でガッツポーズを決めると、彼女を抱きしめました。


「プロポーズ成功、おめでとう!」

「カッコイイぞー!」

「よかったね! お幸せに!」


見守っていた人たちは、まるで友人のプロポーズが成功したかのように喜び、次々と祝福の言葉と拍手を送りました。

僕は、目の前でひと組みの夫婦が誕生したことに胸がいっぱいになりました。

(今日、来てよかったな)

どうか2人が、末永く幸せでありますように。

僕は心の中でそう願いながら、もう1度、世界一のツリーを見上げました。

STORY 12

毎夏の思い出

マンガ『ONE PIECE』の登場人物、サンジの大・大・大ファンの私。

毎年、7月から9月の夏休みシーズンにUSJで期間限定で開催されるワンピースプレミアショーには、ひと夏に10回以上は観に行っています。

ショーを観るのも楽しみなのですが、その期間に合わせて販売される限定グッズをゲットするのも一大イベント！

プレミアムなものは、ふだんから身につける用に加えて、キレイな状態のまま保管する用と、2つ購入することも少なくありません。友人から頼まれたものがあれば、3つ、4つと複数購入することも。

USJのショップに、ワンピース関連の商品がずらっと並んでいるのを見ているだけで「わ〜〜〜〜♡」と、いい年をした大人だということを忘れて、舞い上がってしまいます。

ある年の夏も、同じくワンピースファンの妹と一緒に、グッズを見て歩き、しっかり吟味して選び抜いた商品を買い物カゴに入れて、レジへ向かいました。といっても毎回、カゴはこれでもかというほど山盛りになってしまうのですが（笑）。

「ワンピース、お好きなんですね～。私も大好きなんです！」

その声にお財布から顔を上げると、20代後半くらいのショートカットがよく似合う、満面の笑みのお姉さんと目が合いました。

「そうなんですね。私、毎年この季節を楽しみにしてるんですよ」

「ありがとうございます！　たくさんグッズがありますものね～。ワンピースの中ではだれがお好きなんですか？」

「サンジくんがいちばん好きです♡」

「やっぱり！」

サンジグッズがとくに多かったからか、お姉さんは私の答えに納得したようでした。

「サンジの海賊レストランやプレミアショーも行かれるんですか？」

「もっちろん！　予約済みです！」

ふだんスーパーで買い物をするときは、（レジ、早く終わらないかな）と思うのですが、このときばかりは、大好きなワンピース談義に花が咲き、まったく退屈しませんでした。

「お待たせしました。〇〇〇円です」

ほんのつかの間の楽しいワンピーストークも会計が済むと同時に終了。

（キャラクターやストーリーについて、すごく勉強してるんだろうな。ＵＳＪのクルーってすごいな～）

そんなことを思いながら、私たちはお姉さんに手を振って別れました。

翌年の夏。

去年と同じように、ワンピースグッズを求めてＵＳＪへ繰り出した妹と私。

これまた去年と同じように、これがいい、いやこっちのほうがかわいい、でもこっちはレアだとかなんとか言いながら、買い物カゴをこれ以上入らないくらい、いっぱいにしてレジへ。

「いらっしゃいませ。今年もたくさんありがとうございます！」

え？

レジの方をまじまじと見ると、

「……あ！」

なんと去年、ワンピース談義で盛り上がったお姉さんではありませんか。

「わー、去年もお会いしましたよね。なんて偶然！　うれしいです！」

「またお会いしましたね。今年もサンジのシャツのご購入ありがとうございます」

「サンジファンだってことも覚えてくれてるんですか⁉　すごい！」

驚きました。

私にとっては、たった1人のレジのお姉さんですが、彼女は毎日たくさんのゲストを相手にしているはずです。

1年前に、たった1度、短い会話を交わしただけなのに、顔を覚えてくれていただけでなく、私がだれのファンなのかまで忘れないでいてくれたなんて……。

「もちろん、覚えていますよ。同じ、ワンピースファンの仲間ですから」

そう言ってニッコリ笑います。

まだ驚きを隠せずにいる私に、お姉さんは言葉を続けます。

「じつは私、ワンピースが好きすぎて、ＵＳＪに転職したんですよ。このショップを希望して。だから、同じワンピースファンの仲間に会えるのがうれしくて、よく覚えているんです」

え――――！

またもや、ビックリ。

私も大のワンピースファンですが、お姉さんも転職してしまうほどのファンだったなんて……。

でも、たしかに去年のことを思い返せば、納得です。

会話の端々からワンピース愛があふれ出ていたからです。

新しいワンピース仲間にこんなふうに２度出会えたことに、だんだんとうれしさが込み上げてきました。

レジ打ちのほんの数分間、去年のようにワンピースの話で盛り上がります。

「お待たせしました。ありがとうございます。○○○円になります」

「どうもありがとう。ここに来たらまたお姉さんに会えるかな。来年も、絶対会いにきますね！」

「はい！　来年もこちらでお待ちしておりますね！」

すっかり意気投合した私たちは握手して別れました。


それから、ＵＳＪに行くたびにそのショップを外からのぞいてお姉さんがいることを見かけては安心していたのですが、あるときから見かけなくなりました。いくら探しても見つかりません。

もしかしたら、ＵＳＪを卒業したのかもしれません。

最初は、ちょっぴりさみしかったのですが、いまはまた違った気持ちです。

私たちはワンピースでつながっているからです。

ワンピースのマンガを開けば、サンジやルフィ、ゾロなど、魅力的なキャラクターと一緒に、あの笑顔がステキなレジのお姉さんとの思い出が、いつでも記憶の引き出しから取り出せます。

私にとって彼女は、これからもずっとワンピース仲間。

ワンピースを追いかけていたら、またどこかで彼女に会えるような、そんな気がしています。

いつかＵＳＪのプレミアショーでバッタリ会えたらいいな。

（今度は私から話しかけよう）

そのときは、ワンピース仲間として、ワンピースのお話を思いっきりしましょうね。

STORY 13

ゆめ咲線での出会い

ＵＳＪがオープンしたばかりの頃のことです。

友人と２人、朝からＵＳＪを満喫し、心地よい疲れを感じながら帰りの電車に乗りました。

車内は満員。たくさんの人が立っています。

乗客のほとんどが、私たちと同様にＵＳＪを楽しんだ帰りであることは、手にしているＵＳＪのおみやげ袋や、「ウォーターワールド、おもしろかった！」「ジョーズが超リアルだった！」などと興奮気味に話している様子からすぐにわかりました。

私たちもつり革につかまりながら、Ｅ．Ｔ．アドベンチャーが映画そのものだったとか、ターミネーターの３Ｄ映像が見事だったとか、その日の感想を話し合っていました。

そのとき……。


「こちら、どうぞ！」

女性の声が聞こえました。

明るいその声に目を向けると、斜め前に座っていた若い女性2人が自分たちの前に立っているお母さんと娘さんに席を譲ろうとしていました。

声をかけられたお母さんは、ビックリした表情をしています。

お母さんの年は30代前後、娘さんは小学生くらいに見えます。

一般的には、席を譲ってもらうような年ではありませんし、具合が悪そうにも見えません。

「お気遣い、ありがとうございます。でも座らなくても大丈夫です。私も娘も元気ですから」

お母さんが、少し戸惑った表情で言います。

（まあ、そうだよな～）

心の中で思わずうなずきます。

お年寄りでもなく、体調が悪そうにも見えない親子に、なぜ席を譲ろうとしたのだろう。

その理由が気になり、会話の続きに耳を傾けます。

「じつは私たち、オープンしたばかりのＵＳＪのクルーなんです！　今日が素敵な１日になるように、ぜひ、席に座ってゆっくりされてください！」

まだ10代に見える女性２人組の１人が、明るく溌剌《はつらつ》とした調子で、ふたたび席をすすめます。

（ＵＳＪのクルーなんだ！）

彼女たちの言葉を聞いたお母さんは、ニッコリと微笑《ほほえ》み、「じゃあ、お言葉に甘えて座らせていただきますね」と娘さんと２人で譲ってもらった席に腰かけました。

「わー、よかったです。ゆっくりしてくださいね」

クルーの２人は満面の笑みでうれしそうです。

そこから、お母さんと娘さんと４人での会話が始まりました。

「ＵＳＪは楽しかった？」

「うん、とっても楽しかった！」

「何がいちばん楽しかったかな？」

「えっとね〜、スヌーピーのジェットコースター！　あと、E．T．の乗り物が楽しかった！　写真もたくさん撮ったんだよ！」

女の子は、USJでの出来事を思い出しながら、興奮気味に話しています。

「あとね、あとね、ポップコーンもおいしかった！」

「わぁ、たくさん遊んだんだね！　よかったね！」

「私たち今日はじめて行ったんです。知らない映画のアトラクションでもすごく楽しくて、娘と夢中になって遊んだんですよ」

「はじめてだったんですね。お話聞けて、すごくうれしいです！」

クルーの2人は、母娘の感想を聞くたびにうれしそうに反応しています。

会話が弾んでいる様子に、私と友人は目配せをしてニッコリ。

なんとも温かな光景に、私たちまでハッピーになりました。

やがて電車は終点の西九条駅に到着。

席を譲られたお母さんと娘さんは、クルーの彼女たちに「ありがとうございました」とお礼を言い、「バイバイ」とお互いに手を振って別れました。

「なんか、いいな。あの2人の、パークの外でもゲストを笑顔にしたいって気持ちが伝わってきた」

友人が言います。

「ホント。ますますＵＳＪのファンになったよ」

私もうれしくてつい声が弾んでしまいます。

ＵＳＪを一歩出たら、クルーであることから離れてプライベートな自分に戻って当然なのに……。

彼女たちのクルーとしての意識の高さに感銘を受けました。

イチＵＳＪファンである自分と同じように、彼女たちもＵＳＪのことが心から好きなんだろうな。

ＵＳＪの最寄り駅であるユニバーサルシティ駅から西九条駅までは、２駅。時間にして5分ほどでしたが、いまでも忘れられない出来事です。

ＵＳＪへと続く桜島線の愛称は、「ゆめ咲線」と言います。

あの日のことは、オープンしたばかりのＵＳＪが、これからたくさんの人に愛されるパークになっていくことを確信した、私にとって夢が咲いたような時間でした。

STORY 14

シールの魔法

私のお財布には、パーク内で集めたシールがたくさん入っています。

USJでは、誕生日シールの他にも、エリアごと、ショーごと、クルーの職種別に多彩なシールがあります。

スヌーピー、エルモとモッピー、ミニオン、ジョーズなどのキャラクターの他、ハロウィンやクリスマスシーズンにはそれに合わせたデザインのもの、また、雨の日限定のシールなどもあります。

数年前、クルーに声をかけるともらえるシールの存在を知ってからは、折に触れてシールをもらうようにしています。

ただ、私の場合コレクションが目的ではなく、人にプレゼントするため。

数年前のある出来事をきっかけに、私はそれまで以上に、シールを積極的にもらうようになりました。


ある夏の日のこと。

この日は大人気マンガのイベントということで、たくさんの人が詰めかけ、入場ゲート前には長い列ができていました。

週末ということもあり、待ち時間は120分と掲示されています。この日、私は1人でしたが、人気のアトラクションは何時間も待つのが通例となっているので慣れっこ。

のんびり待つことにしようと、持参した文庫本を広げたところ……、私の前に並んでいた外国人ファミリーの夫婦が、お互い険しい顔をして、口論を始めました。

USJではここ数年、外国からのゲストが増えて、パーク内では、さまざまな国の言語が飛び交うようになっています。

なので、外国人ゲストは珍しくありませんが、なんだか不穏な雰囲気に、つい目がいってしまいます。

言葉はわかりませんが、その雰囲気から長時間並ばなくてはいけないことへの不満をこぼしているようでした。

私たちは事前の情報で、どのアトラクションやショーが混雑するか、どれくらい待たされるのか、状況をなんとなく把握していますから、それに備えて退屈しないようにゲームや本を持ってきている人も多くいます。

しかし、外国の方は、こんなにも長い待ち時間だとは、知らなかったのかもしれません。

状況がよくわからないことに加えて、未経験であることも重なり、イライラが相当募《つの》っているようでした。

お母さんの足元でしゃがみ込んでしまっている幼い兄弟は、暑さもあってぐったりとしてつらそうです。

（なんだかかわいそうだな……。せっかくの日本旅行、せっかくのＵＳＪなのに……）

私はなんとかしてあげたいと思うものの、言葉がわかりませんから、なんにもできません……。


あ！


そのとき、財布の中にシールが入っているのを思い出しました。

（もしかしたら、喜んでもらえるかも……？）

私は、ハローキティとモッピー、それにミニオンとエルモのシールを財布から取り出すと、男の子たちに見せました。

きょとんとしている2人に、

「これ、持ってる?」

と、ジェスチャーで聞くと、首を振ります。

「じゃあ、あげるね、どうぞ」

と言って、シールを2人に何枚かプレゼント。

「わ――!」

ついさっきまで、つまらなそうな顔をしていた男の子たちは、途端にうれしそうに立ち上がりました。

興味津々にシールを眺め、なにやら2人で楽しそうに話しています。


気づくと、お父さんとお母さんのケンカはぴたりと止まっていました。

2人が私に向かって何か話しかけてきました。

ジェスチャーから察するに、「どうすれば手に入るのか」と聞いているようです。

「パーク内のクルーやスタッフが持っているので、欲しいと声をかけたらもらえますよ」

私は、カタコトの英語と日本語、身振り手振りのジェスチャーで伝えました。

夫婦はうれしそうに満面の笑みを浮かべ、「ドウモアリガトウ」と言って頭を下げました。

「どういたしまして」

ファミリーにはすっかり、笑顔が戻ったようでした。

そのあとも、入場できるまでかなりの時間、待ちましたが、終始楽しそうにしていました。

(せっかく外国からはるばる大阪に来てくれたんだから、イヤな思いで終わらず本当によかった)


でも、そのあとが大変でした。

その様子を見ていたまわりの他の外国人ゲストからも、次々に「シールをもらえませんか」とリクエストされたのです。

「どうぞ、これレアな1枚なんですよ」

「これは、雨の日しかもらえないシールなんです」

「USJ、楽しんでくださいね」


そんな言葉をかけながらシールを渡していたら、なんだか自分がクルーになったような気分に。

その日持っていた20枚ぐらいのシールは、瞬《また》く間になくなってしまいました。


「このキャラクターはなんて言うんですか？」

「キティちゃんのシール、とってもかわいい！」

「クルーはみんな、シールを持っているんですか？」


みんな、シールについて興味津々。

いろいろな国の外国人ゲストの方たちと、コミュニケーションを楽しむことができ、待ち時間もあっという間でした。

（シールを、こんなに喜んでくれるなんて！）

クルーにもらったシールが、なんだか魔法のシールのように思えました。

シールがつないでくれたグローバルなコミュニケーション。

（みんなが1つでも楽しい思い出を持って帰ってくれたらいいいな）

ゲストたちに楽しんでほしいというＵＳＪのクルーの気持ちが、少しだけわかったような気がしました。

STORY 15

結婚10周年の記念写真

「結婚10周年には、何か特別なお祝いをしたいね」

旅行でもしようか、ちょっと奮発して一流のレストランで食事をしようか、何か記念に残るものを買おうか……。

主人と2人であれこれ話している中でひらめいたのが、

「そうだ！　USJはどう？　『ワンダーピックス』で2人とも思いっきりドレスアップして記念撮影してもらうの！」

というプランでした。

私たち夫婦は毎年、年間パスを購入し、毎週末遊びに行っていると言っても過言でないほどのUSJファン。USJは、結婚後の2人の思い出がたくさんつまった場所なので、そこで記念に残る写真を撮れたらどんなにステキだろう、と思ったのです。

USJの「ワンダーピックス」には、「ドレスフォト」というサービスがあり、その場で衣装を選べます。

もちろん、それだけなら街のフォトスタジオでも可能ですが、ワンダーピックスの魅力はなんといってもパーク内で撮影できること！

いつか、私もＵＳＪのステキなロケーションを背景に、映画のヒロインになった気分で写真を撮ってもらえたらなあ、と思っていたので、「結婚記念日に最適！」と思ったのでした。

ＵＳＪが大好きな夫も、

「いいね、それ！　きっと一生の思い出になるよ。そうしよう！」

と大賛成。

私たちは、ただ写真を撮るのではなく、「結婚10周年」の記念写真であることがわかるように「1」「0」「T」「H」の文字のバルーン（風船）を用意することにしました。

ワンダーピックスに予約をしに行ったとき、バルーンを持参していいかも事前に確認。「もちろん大丈夫ですよ！」と、返事をもらっていました。

また、男性の衣装はタキシード中心で数は多くありませんが、女性のドレスは色とりどりでデザインも豊富！

ふだんからなかなか服を決められない私は、当日では選びきれないと思い、予約時に見せてもらって、「これ！」というドレスを先に選んでいました。

それは、鮮やかなミッドナイトブルーの大人っぽいデザインのもの。彼はクラシカルな黒のタキシードです。

こうして、事前準備をバッチリ行い、当日を楽しみに待ちました。


そして迎えた結婚記念日当日の4月9日。

衣装室で私たちが着替えている間、クルーの女性が、用意してきたバルーンをふくらませてくださいました。

「こちらに入れておきますね」

4つのバルーンを膨らませ終わったクルーが、声をかけてくれました。

「ありがとうございます」

鏡の前に立ち、ドレスを着せてもらい、みるみるいつもの自分でなくなっていく姿がうれしく、どこか上《うわ》の空で返事をしました。

1つひとつ背中の編み上げリボンを結びながら、

「今日はお2人の結婚10周年という大切な記念日。精一杯、務めさせていただきますね」

衣装担当の女性がそう言ってくださり、私のテンションはどんどん高くなっていきました。

「おー、キレイ」

ドレスアップした私を見て、彼がほめてくれました。

「あなたもカッコイイ！」

主人のビシッとした正装を見るのは、結婚式以来じゃないかしら。

想像していた以上にステキにドレスアップできた私たち。

結婚したばかりの頃のドキドキを思い出し、手をつないで撮影場所へと向かいました。

大事な小道具のバルーンは、ワンダーピックスを出るとき、クルーの方が持ってきてくれました。

ところが……。

撮影をしようとバッグからバルーンを出してみると、数字の「1」がありません。

「申し訳ありません。歩いている最中に落ちてしまったかもしれないので、すぐに探してきます！」

そう言うやいなや、クルーの女性が、もと来た道へ駆け出していきました。

待っている間、私たちが退屈しないようにと撮影担当の方がバルーンなしで撮影してくれるなど、終始気づかってくれます。

その気持ちはとてもうれしかったのですが、やっぱり消えてしまった「1」のバルーンが気になります。

10分、いえ、30分は待ったでしょうか――。

先ほどのクルーが息を切らして戻ってきました。沈んだ顔です。

あぁ、見つからなかったんだ……。

私たちはその表情からすぐに察しました。

「遠くに飛んでしまった可能性もあると思って、パークの半分くらい範囲を広げて探してみたのですが……。なんとお詫びを申し上げたらいいのか……、本当に申し訳ございません！」

いまにも泣きそうな顔で、深々と頭を下げます。

じつは、この日は、私の誕生日でもありました。

「誕生日と結婚記念日を、こんなにステキにお祝いできるなんて幸せ♡」と、ついさっきまでは大はしゃぎしていたのですが、楽しみにしていた分、思い描いていたとおりの写真撮影ができないことに、正直落胆が大きく、それがクルーのみなさんに伝わってしまったのでしょう。

私たちのために広いパーク内を一生懸命探してくれて、待っている間も不安な気持ちにならないように、退屈しないようにと精一杯楽しませてくれようとしてくれた、みなさんの気持ちは本当にうれしかったし、感動もしました。

でも、それ以上にショックが大きくて……。

「いえいえ。大丈夫ですよ～」

私は、努めて明るく振る舞おうとするのですが、うまく笑顔をつくることができません。

（せっかく準備したのにな……。一生懸命探してくれたみなさんを、これ以上悲しませたくないのに、うまく笑えない……）

そのとき――。

「これ、代わりにもならないことはわかっているんですが……。よかったら使ってください！」

バルーンの捜索に行ったクルーと一緒に走っていった別のクルーの方が、いつの間にか戻ってきていて、手にした「1」を差し出して言いました。

それは、ダンボールに金色のセロファンを貼って、バルーンのようなキラキラを出した手作りの「1」でした。

え、この短時間にどうやって⁉

材料も時間もない中で、これだけ見栄えよくつくってくれるなんて……。

彼らの一生懸命な気持ちが伝わり、胸が熱くなりました。

「すっごくステキ！　うれしいです。ぜひ、この『1』をバルーンに加えて撮影させてください！」

申し訳なさそうにうなだれているクルーのみなさんを励ますため、いえ、私自身の気持ちを引き上げるために、意識して明るい声で言いました。

「ね、いいわよね？」

主人に聞くと、満面の笑みで「ＯＫ」サイン。

手作りの「1」と、バルーンとを組み合わせて「10周年」とわかるサインを手に持ってパシャッ。

「あの、みなさんも一緒に入りませんか？　こんなふうに『1』をつくってくださったこと、本当にうれしかったので、記念にみなさんとも撮りたくて……」

「え、いいんですか？　ぜひ！」

「もちろんです！」

クルーのみなさんは、私の提案に笑顔で答えてくれました。

「ハイ、チーズ！」

カシャッ。

「私、いまの写真が今日いちばんの笑顔だったと思う」

「俺も！」


「お2人ともラブラブで、ステキなご夫婦ですね」

私たちの会話を聞いていたカメラマンさんから、そんな言葉をかけてもらいました。


そのときの写真は、いまもリビングに飾ってあります。

友人が遊びに来ると、不思議そうに写真を見て言います。

「なんで『1』だけバルーンじゃないの？」


ふふふ。

それはねえ……。

あの日のことを、友人たちに話すと、みんなこう言います。

「トラブルに巻き込まれちゃったのに、２人ともなんだかうれしそうだね」

そうなんです。

思い描いた記念撮影とはなりませんでしたが、ＵＳＪのクルーのみなさんの思いやりにあふれた対応に接することができて、あの日の出来事は、夫婦の忘れられない特別な思い出になりました。

私たちは、いままで以上にＵＳＪが大好きになりました。

いつも笑いが絶えない私たち夫婦。

「ちょっとおかしい記念写真くらいのほうが、私たちらしいのかもね」

10TH

STORY 16

2度行われた千秋楽

２０１１年2月14日。

寝室のカーテンを開けると、なんと大阪では珍しく雪が舞っています。

吐く息は白く、ぐっと冷え込んでいます。

(雪が降ってるんじゃ、今日は人が少ないかもしれないな……)


この日は、「トト&フレンズ」の千秋楽でした。

「トト&フレンズ」とは、オズの魔法使いのキャラクターたちと、犬や猫、チンパンジー、豚、鳥など、約20種類もの動物たちが繰り広げるアニマルショーです。

当時、子どもたちが楽しめるアトラクションが少なかったＵＳＪでは、動物たちが縄跳びをしたり、手紙を届けたり、ゲストが舞台に上がって動物と触れ合うことができたりするこのショーが、幅広い年齢層に大人気でした。

動物が大好きな私も、ＵＳＪに行くたび、このショーを楽しみにしていました。

何度も観覧するうちに、動物たちに人一倍、愛着を持つように。彼らに会うためにＵＳＪに行くことも、1度や2度ではありませんでした。

(ショーが終わったら、もうみんなには会えないんだ……)

そう思うと、なんとも言いようのないさみしさが込み上げてきました。

最後に、お別れをしに行こう――。

私は、最終公演を見に行くことを決意しました。

声をかけた友人たちの予定が合わず、1人で行くことになってしまいましたが、それでも、どうしても最後に「トト&フレンズ」を観たかったのです。


やはり雪の影響でしょう。この日、パーク全体の入場者数は、いつもよりも少なく、トト&フレンズも最終日というのに、客席は半分ほどしか埋まっていません。

「今日、全然人がいないね。トト、さみしくないかな……」

隣で、5歳ほどの女の子が不安そうにお母さんに聞いています。

「う~ん、ちょっとさみしいかもね。トトがさみしくないように、ユイちゃんとお母さんで頑張って盛り上げようね！」

女の子とお母さんは、顔を見合わせてうなずくとショーの観賞というより、応援モードのような体勢で座り直しました。

最後だから盛り上げてあげたい。その気持ちは、私も一緒です。

（トトのファンなのかな？　私も一緒に盛り上げるからね！）

心の中で２人にこっそり声をかけました。


「みなさま、オズの魔法の国へようこそ！

私たちの物語は魔法の果樹園のある朝から始まります！」


いつものイントロダクション。最後なのになぜか、新しい、特別な冒険が始まるような気がします。

ステージ上では、キャスト（役者）と動物たちがいつものように元気いっぱいに演技を繰り広げています。

私は、手が痛くなるほど思いっきり手をたたきました。

隣では先ほどの女の子が「トト、がんばれー！」と大きな声援を送っています。

その一生懸命な姿に、思わず笑みがこぼれました。


あっという間にショーは終わりに。

「みなさん、どうもありがとう！

みなさん、またいつかお会いしましょう。バイバーイ！」

客席からは大きな拍手。そして「ありがとう！」の声、声、声。

隣のお母さんと娘さんは、熱心に声援を送っていましたが、最後はより一層、大きな拍手でキャストと動物たちに祝福を送っています。

私も彼女たちの熱心さに背中を押されるようにして、精一杯拍手を送りました——。


(やっぱり最後の姿を観に来てよかったな。写真もたくさん撮ったし、昨日、雪で来ることができなかった人のために、千秋楽の様子をブログにアップしよう！)

翌朝、そんなことを考えながら、何気なくツイッターを見ていると……。

えっ？

私は目を疑いました。


「みなさまの惜しむ声にお応えして、本日がトト&フレンズのラストデイとなりました。お天気が悪くて昨日来られなかった方！　ぜひ本日お越しくださいませ」

ＵＳＪ公式ツイッターが午前11時に、そうツイートしています。

（そんなことある⁉）

たくさんの人に愛されてきたトト＆フレンズの最後を見届けたかった人はたくさんいるはず――。

たしかに、私がブログに千秋楽の様子をアップしようと思ったのも、そう思ったからですが、テーマパークが千秋楽を2回も行うなんて聞いたことがありません。

ＵＳＪの粋な計らいに感動した私は、すぐに出かける準備をしました。

もちろん、トト＆フレンズの2度目の千秋楽を見届けるためです。


こうして2日連続、私はＵＳＪへ行くことに。

昨日とうってかわって晴天！　寒さもゆるみ、比較的過ごしやすい陽気です。

（ミナミの服屋みたいに、毎日閉店セール【＝千秋楽】とかしたらおもしろいのに）

冗談ではなく大まじめにそんな思いが湧いてきた自分がおかしくて、歩きながら、にやけてしまい、あわてて顔を戻します。

昨日で終わりだと思っていたトト＆フレンズをもう1度観られることが、うれしくて仕方ありません。

雪でトト&フレンズの最後を見届けることができなかった多くのゲストのために、2日にわたって千秋楽を行うことにしたＵＳＪの心のこもった素敵なプレゼントが、ただただうれしく、ワクワクしたのでした。


そして、2度目の千秋楽。

多くのお客さんが見守る中、キャストと動物たちは昨日以上に熱の入ったパフォーマンスを見せてくれました。

ショーの終了後、出演者と動物たちが勢揃いしてのカーテンコール。

これが正真正銘の最後です。


「ありがとう～！」

「大好きだったよ～」

「トト～！　またね～！」

客席からの声に、先ほどまで笑顔だった出演者も、みんな泣いています。涙を手で拭い、口元を押さえながらゲストの拍手に応えてくれています。

「いままで、ありがとうございました！」

キャスト全員が声を合わせて、深々とおじぎをしながら、最後の最後のあいさつ。たくさんのゲストが、スタンディングオベーションでこれまでの素晴らしいショーを讃《たた》えました。

「千秋楽をもう1回やってくれてよかった！」

「昨日は雪だったからあきらめたけど、まさか今日もやるなんてビックリ！」

「千秋楽を2回もやるなんてＵＳＪだけじゃない？」

ショーの終了後、まわりの人たちが笑顔でそんなことを話す声に、改めてゲストを第一に思うＵＳＪの心遣いに深く感動しました。

千秋楽をもう1度する――。

こんな英断をできちゃうＵＳＪだからこそ、知れば知るほど、行けば行くほど、どんどん大好きになってしまうのです。

ユニバ兄さん

東京に住む友人夫婦から連絡があったのは2カ月前。

旅行で大阪に行くから、ぜひどこか案内してほしいとのこと。

（せっかくだから、2人が喜んでくれて、なおかつ大阪の魅力も伝えられる、何か特別なもてなしをしたいな）

そう考え、思いっきり楽しんでもらえるプランを入念に練ることにしました。


そして当日。

僕が友人夫婦を真っ先に連れて行ったのは、JR大阪環状線の福島駅の高架下にある、お好み焼き屋さんでした。

「ここって……！　まさかここに連れて来てくれるなんて！」

奥さんは、お店の中をキョロキョロしながら、大興奮。

「もう、お店に入れただけで感動！」

彼女が子どものように無邪気な笑顔を見せてくれたのは、お好み焼きが大好きだから……というわけではありません。

じつはこのお店、USJのCMに出演していた国民的大スターの5人組が来店したお店なのです。

残念ながら、いまは解散してしまいましたが、その人気はいまでも不動。

テレビ番組の企画旅行で彼らが5人でこのお好み焼き屋さんとUSJを訪れてからは、彼らのファンにとってここは〝聖地〟となり、ここで腹ごしらえをしてからUSJに行くというのが、ファンのお決まりのコースとなっていました。

「やっぱり、最初は軟骨の塩焼きでしょ！」

せっかくなので、食べるメニューも5人が食べたものを食べることに。

とんぺい焼き、豚の生姜焼き定食と、続々と続きます。

「全部おいしい！　幸せ〜」

「とんぺい焼きって、こんなにおいしいんだ！」

大阪の味を味わってもらえたことに僕も大満足。

お腹がいっぱいになった2人は、お店にあった「思い出帳」を楽しそうに見始めました。

「思い出帳」には、全国から訪れたファンたちのたくさんの熱いメッセージが書き込まれています。

うれしそうな2人の姿に、僕までうれしくなります。

（2人とも昔から彼らの大ファンだもんな。やっぱり、ここに連れて来て大正解だな）

俄然《がぜん》、やる気が出ました。


お好み焼きを食べたあと、次に向かったのは、もちろんUSJ。

僕は、彼ら5人がたどったコースをそのまま体験してもらうプランを用意したのです。

まずは、大人気の後ろ向きジェットコースター「バックドロップ」へ。

「みんな、いきなりコレ乗ったんだよね〜」

録画した番組を何度も観ていたという友人夫婦は、〝聖地巡礼ツアー〟を満喫している様子。

バックドロップでは、座席ごとに流れる音楽を選曲できるのですが、その中に彼らの曲もあります。

僕たちは迷わずその曲を選択しました。

彼らの曲を聴きながらのバックドロップは、もちろん最高！

何度もＵＳＪに来たことがある僕も、彼らと同じルートをたどって乗っていることに、いつもとはまた違った楽しさを感じました。


次のアトラクションへ向かおうと、パーク内を歩いていると、スヌーピーのカチューシャを頭につけている若い女性と何人もすれ違いました。

「きっとメンバーがつけてたからだね」

「せっかくだから僕たちも買おうか？」

「いいね、いいね！　どうせならとことん同じことしたい！」

学生時代のときのようなノリで全力で楽しむ2人に、僕までワクワクした気持ちになってきました。


そのあとも、彼らが乗ったスパイダーマンやジュラシックパークのライドを楽しみ、ラストは、彼らが出演していたＣＭの舞台となった、ハリー・ポッター・アンド・ザ・

フォービドゥン・ジャーニーへ。

映画の世界をリアルに再現した景色、細部までこだわった圧倒的なスケールのアドベンチャー感に、友人夫婦は興奮しっぱなしです。

「本当に魔法にかかったみたいだったな！」

「ね！　ＣＭで見たとおりの迫力！」


帰り道でも、２人の感想は尽きることがありません。

「東京にいる友だちがよくＵＳＪに行く理由がやっとわかったよ」

「あのお好み焼き屋さんの料理もおいしかった〜！」

「大好きな歌を聴きながらのジェットコースターも最高だった！」

「ＵＳＪ、また絶対来る！」


そんな2人の言葉に、思わずニンマリ。

（〝ユニバ兄さん〟のおかげだな）

ユニバーサル・スタジオ・ジャパンを、関西では多くの人が略して「ユニバ」と呼ぶことから、ＵＳＪの魅力を伝えてくれた5人組の彼らは、一部のファンの間では「ユニバ兄さん」と呼ばれています。

ユニバ兄さんが来る前、ＵＳＪの来園者の多くは関西の人でした。

大人気の5人組がＵＳＪの楽しさを伝えてくれたことで、ＵＳＪは日本全国から人が集まるテーマパークになりました。

そして、ＵＳＪをきっかけに、大阪のよさもたくさんの人に知ってもらえるようになったのです。

大阪生まれの僕は、そのことがうれしくて仕方ありません。


後日、友人夫婦から荷物が届きました。

中には、5人組グループのＣＤと、あの日、バックドロップの前で3人で撮った写真が入っています。

写真の裏には、2人からのメッセージが。

「おかげで最高の旅の思い出になったよ。

お好み焼き屋さんの料理はおいしかったし、ＵＳＪもほんとに楽しかった！
来年また行くからよろしく！（笑）」

楽しんでくれたようで何より！
いつでもおいで。
大阪の街も、ＵＳＪも、僕も待っているよ。

STORY 18

誕生日のマジックショー

1年の中でいちばん好きな月は7月。

自分の誕生月であることに加え、大好きなメンバーとUSJに遊びに行くことが恒例になっているからです。

メンバーは、主人と息子と妹、それに女友だちと彼女の娘の総勢6人の大所帯。

もうかれこれ数年の家族ぐるみのつきあいです。

毎年、それぞれに思い出深い1日を過ごしているのですが、とくに心に残っている出来事があります――。


その日もみんなで朝からUSJへ。

いつものように、「次はあそこに乗ろう」「ランチはあれを食べよう」「あのショーが観たい」など、そんなことを話しながら、6人でぞろぞろとパーク内を歩いていたときのこと。

赤い制服を着たパークコンシェルジュの男性が私たちのほうへ歩み寄り、

「お誕生日おめでとうございます!」

と声をかけてくれました。

私が胸に誕生日シールを貼っていたのに気づいたからでしょう。

シールを貼ってパーク内を歩いていると、クルーのみなさんがたくさんお祝いの言葉をかけてくれるので、彼もその1人かと思い、

「ありがとうございます」

と、笑顔で答えました。

すると、お兄さんから思いもよらない言葉が……。

「じつは僕、マジックができるんです。よかったらマジックでお祝いさせていただけませんか？」

「え？」

これまでに何度もＵＳＪで誕生日を過ごしてきましたが、マジックの提案をされたのははじめてでした。

「ハッピーバースデー‼」


呆然と立ち尽くす私に、ニッコリと微笑むお兄さん。

次の瞬間、マジックショーが始まりました。

手の中のボールを消してみせたり、手元から次々と花を出したり……。

テレビで見るメンタリストのようなクールな表情に、鮮やかな手つきで、次々とマジックを繰り広げます。

私たちは全員、すっかり彼のマジックに釘付け。


「わぁー……！」

「すごーい！」

「なんで、なんで～？」

歓声を上げながら、夢中で彼の手元に注目していました。

（次は何が起きるんだろう……！）

ドキドキしながら次のマジックを待っていると……。

パン！

どこに隠していたのか、真っ赤なトンガリ帽を手にしています。

「はい、僕からのささやかなお誕生日プレゼントです」

そう言うと、私の頭にひょいとその帽子をのせてくれたのです。
息つく間もない、というのはこういうことを言うのでしょう。
たぶん、マジックショーは5分もなかったと思います。
でも、次々にマジックが飛び出し、私たちはみんな、目まぐるしくもワクワクするマジックに夢中になっていました。

帽子をかぶせられた私も、家族友人一同も呆気《あっけ》にとられているうちに、

「それでは！」

と爽やかな笑顔を残してマジシャンクルーは去っていきました。


「いまのすごかったね～！」

「こんなふうに誕生日を祝ってもらえるなんていいね！」

「改めて、お誕生日おめでとう！」

「お母さん、いいな～！」


みんな、大興奮です。

何度もＵＳＪに通っているのに、マジックができるクルーがいるなんて、だれも知らなかったので、ビックリしました。

私たちはこの日、アトラクションをまわりながら、何度もマジックの話で盛り上がりました。


パークコンシェルジュは、クルー全体の１％ほどしかいないと聞いたことがあります。

そんなパークコンシェルジュに誕生日に声をかけられただけでもうれしいのに、プレゼントまでもらえるなんて……。

ＵＳＪクルーの、ゲストに楽しんでもらいたいというホスピタリティに、改めて感動しました。

私はステキなサプライズプレゼントがとてもうれしく、この日は忘れられない特別な誕生日になりました。

いまでも、赤いトンガリ帽は家に大切に飾っていて、目に入るたび、温かい気持ちになります。

今年も、誕生日にＵＳＪに行く予定です。

毎年この時期になると、あのクルーのことを思い出します。

（今日もだれかにマジックを披露しているのかしら）

けれど、あの日以来、あのクルーをＵＳＪで見かけたことはありません。

気になって、行くたびに探すのですが……。

もしかしたら、ハリー・ポッターのホグワーツ城からやってきた、本当の魔法使いだったのかも……。

なんてね。

STORY 19

トーチラン

2005年1月29日。

この日、いつものようにUSJを訪れると、そこにはふだんとは違う、見たことない景色が広がっていました。

入場ゲートに設置された特設会場、レッドカーペット、はじめて見る赤いユニフォームを着た人たち……。

(何のイベントだろう?)

疑問に思い、近くにいたクルーに声をかけると、

「障がいを持った人たちのスポーツを支援するスペシャルオリンピックスのイベントです。USJをあげて応援していますので、ぜひご覧ください!」

と教えてくれました。

スペシャルオリンピックス?

聞いたことのないフレーズです。

よく見ると、「スペシャルオリンピックス・トーチラン in ユニバーサル・スタジオ・

ジャパン」の看板が。

ネットで調べてみると、「スペシャルオリンピックス」とは、知的障がいのある人たちにさまざまなスポーツトレーニングと、その成果の発表の場である競技会を、年間を通じて提供している国際的なスポーツ組織とのこと。

日本ではまだあまり知られていませんが、この年には長野でスペシャルオリンピックスの冬季世界大会が開催されるとのことで、その普及活動の一環としてＵＳＪでトーチラン（聖火リレー）を行うようでした。


私はふと、ある出来事を思い出しました。

「ＵＳＪはね、障がいのある人や足腰が不自由なお年寄りでも十分楽しめるよう、とってもよく考えられているの。パーク内がバリアフリーに設計されていたり、障がい者向けのサポートブックがあったり、車いすを貸してくれたり。だから安心して遊びに行けるのよね」

以前、パーク内で知り合った年配のご婦人が、車いすのご主人をお連れしながらそう話していたのです。

（このイベントは、障がいのある人にやさしいＵＳＪだからこそできるイベントなのかもしれないな）

スペシャルオリンピックスの公式サイトには、出場する選手たちの記事も掲載されていました。

スポーツを生き生きと楽しむ選手たちの記事に、スポーツには不思議な力があるのだなと思うとともに、彼らに大会に出場する機会をつくっているスペシャルオリンピックスの活動に、敬意の気持ちが湧いてきました。

ハリウッドスターのアーノルド・シュワルツェネッガーも、トーチランに応援メッセージを送っていました。

トーチランを観ることで、選手たちや彼らを支える団体に、エールを送れたら……。そんな思いが込み上げ、僕はトーチランを応援することにしました。

驚いたことに、キャストの他、ＵＳＪのキャラクターが総出と言っていいくらい、ずらっと沿道に並んでいます。

ポパイ、オリーブ、ベティーブープ、ハローキティ、スヌーピー、ルーシー、ウッディー、ウィニー、セサミ……。

何度もＵＳＪに来ていますが、こんなにも大勢のキャラクターが一堂に会しているのを見たのははじめてでした。

拍手を送ったり、車いすの選手にしゃがんで握手をしたりと、キャラクターたちとキャストは、全力で応援しています。

そんな様子に、イベントに気づいたゲストが続々と集まってきて、あっという間に、選手が進む道の両側にたくさんの人だかりができました。

「頑張れ～！」

「頑張ってくださーい！」

「ファイト！」

応援の拍手と声援があちこちから自然と湧き起こり、パーク全体が１つになったように感じました。

晴れ舞台をトーチランするみなさんは、笑顔で沿道からの声援に応えながら前進していきます。


「頑張って‼」

「みんなが応援してくれてるよー！」

「もう少しよ！」


トーチラン参加者のご家族であろう方々の声援を聞き、僕の応援する声も自然と大きくなっていきます。

生き生きとした表情で、前に進む選手たち。

その姿に、胸が熱くなり、さらに応援の声が大きくなりました。

フィナーレは、キャラクターたちが待つセレモニー会場へ。

たくさんの観客が見守る中、最後に選手が、聖火台にトーチランの火を点火しました。

その瞬間、観客からは大きな歓声が湧き起こりました。

このイベントをきっかけに、僕はＵＳＪが障がいのある方に対して、他にどんな配慮をしているのだろうと気になり、調べてみました。

すると、いろいろなことがわかりました。

ＵＳＪでは、障がいのある人や車いすの人でも十分楽しめるよう、建物の多くが平屋になっていて、レストランやアトラクションで２階に上がらなければいけない場所には、必ずエレベーターが設置されているとのこと。

何度もＵＳＪに来ていますが、意識しなければ気づかないことでした。

また、障がいを持っていることがクルーだけにわかる、一見、普通のシールにしか見えないサポートシールや、視覚に障がいがある方のための点字マップの用意もあることを知りました。

あの日以来、僕はＵＳＪ内ではもちろん、街中で障がいを持った方が困っているのを見かけると、積極的に声をかけるようになりました。

トーチランを応援したことをきっかけに、だれもが安心して過ごせる社会、みんなが楽しめるＵＳＪづくりに、少しでも貢献したいと思ったからです。

僕と同じように、ＵＳＪでトーチランを見て、スペシャルオリンピックスの存在をはじめて知った人は多くいることでしょう。

僕は、トーチランのおかげで、世界が広がりました。

大切なことに気づかせてくれたトーチランに、いまでもとても感謝しています。

STORY 20

ピーターさんのバイオリン

「いくら人気だからって、7時間も待たなくちゃいけないなんてなぁ……」

この日、デビューしたばかりの「ハリウッド・ドリーム・ザ・ライド」の後ろ向きジェットコースター「バックドロップ」にどうしても乗ってみたくて、友人と2人でUSJにやってきました。

地上43メートルから一気に急降下するドリーム・ザ・ライドでもスリル満点なのに、バックドロップはなんと、それと同じ走行ルートを後ろ向きで体験するという前代未聞のジェットコースター。

オープン日からいきなり大人気となり、5~6時間待ちは当たり前とのこと。前情報で知っていたので、かなりの時間待つだろうことは覚悟していました。


それにしても7時間……。

「なんか暇つぶしのマンガかゲームか、持ってくればよかったな」

友人がため息交じりに言います。

「確かに……」

僕たちはそのうち待ちくたびれて、お互いに無言になってしまいました。

「あ～あ、ちょっと長すぎるよな」

口から出るのは、そんな文句ばかり。せっかく楽しみにしていたのに、だんだんイヤなムードになっていきます。

僕も正直、退屈してきました。朝、USJに向かっていたときのワクワクした気持ちは、すっかりなくなってしまいました。

ふと、まわりの人たちを見ると、みんなうんざりした表情で退屈そうに立っています。険しい顔つきで、明らかにイラついている人もちらほら。

並び始めたときは笑顔でそわそわしていた子どもたちも、その場に座り込んでしまっています。

（せっかくUSJに来たんだから、こんなテンションでいたくないんだけどな……）

そのとき――――。

～♪～♪♪～♪

どこからともなく、バイオリンの美しい音色が聞こえてきました。

ん？　なんだろう。他の人たちも何が起きたのだろうと驚いた顔をしています。

すると、鮮やかなブルーのコスチュームをカッコよく着こなした男性が気持ちよさそうにバイオリンを弾きながらやってきました。


バックドロップの待ち列で立ち止まる男性。

そして、並んでいるゲストたちの前で、私たちと目を合わせながら笑顔でパフォーマンスを披露し始めました。

あまりに美しい音色に、思わず聴き入ってしまいます。


「わぁ～、カッコイイ！」

「キレイなバイオリンの音ね」

「なんか、こっちまで楽しくなっちゃうな！」


それまでのイライラしたムードが一変。

みんながそのバイオリンの演奏と、男性のパフォーマンスに釘付けになっています。

うっとりと聴き入りながら曲を口ずさんでいる女性。

バイオリンのリズムに合わせて体をゆらしている子ども。

手拍子をする男性……。

一気に場が和《なご》やかになり、ゲストたちの表情に笑顔が戻りました。


パチパチパチパチパチパチパチ。

演奏が終わり、笑顔で深々とおじぎをするバイオリン弾きの彼に、みんなで拍手喝采《かっさい》。

「すげぇ。なんだか得した気分だな」

つい先ほどまでぶすくれた顔をしていた友人がうれしそうに言います。

バイオリニストの彼は、拍手が鳴り響く中、待ち列に一礼すると、颯爽《さっそう》と立ち去っていきました。

待ち時間を不愉快に思っている人は、もう1人もいなくなっていました。

だれもが、いま起きたバイオリン弾きのパフォーマンスと音色について、興奮した口調で話しています。

あとから知ったのですが、彼はピーター・ヴァウターさんというアメリカ出身のバイオリニストでした。

パーク内全体をまわりながら、ゲストに楽しんでもらうためにバイオリンを弾いているそうです。

次にピーターさんに会ったのは、誕生日にUSJに行ったとき。

僕のバースデーシールに気づいたピーターさんは、目の前でバースデーソング『ハッピーバースデートゥーユー』を演奏してくれました。

自分1人のためにバイオリンを弾いてもらうことなんて、はじめてのことだったので、これには感動！

僕はすっかり、ピーターさんのファンになってしまいました。

ピーターさんは、いまはＵＳＪ内のストリートショー『ヴァイオリン・トリオ』で演奏をしています。

素晴らしい演奏は、ゲストに大人気！

僕は、もう何度もピーターさんの演奏を聴きに行っています。

あの日、バックドロップに乗るために並んでいたすべてのゲストがピーターさんのバイオリンに癒やされたように、ピーターさんは今日もゲストを楽しませ、和ませてくれています。

STORY 21

夢のパレード

私は毎年秋に、御堂筋《みどうすじ》パレードを観に行っていました。

御堂筋パレードとは、大阪城築城４００年を記念して開催されたのが最初で、大阪のメインストリート、御堂筋のおよそ３㎞を舞台に、大阪府と大阪市に関係する団体や企業、学生などがパレードやパフォーマンスを繰り広げるイベントです。

６車線の広い通りを、80前後のフロート山車《だし》がパレードする姿は、毎年圧巻。

２００１年は特に、私はこのイベントをずいぶん前から楽しみにしていました。

３月にオープンしたばかりのＵＳＪが、パレードに参加すると聞いていたからです。


当日は、あいにくの小雨でしたが、沿道にはたくさんの観客が集まっていました。

今年のパレードは、ＵＳＪが参加するのはもちろん、もう１つ、みんなが楽しみにしているフロートがありました。

それは、同じくこの年にオープンした東京ディズニーシーのフロートです。

日本の２大テーマパークが同じ舞台でパフォーマンスを披露するなど、これがはじめて。もしかしたらもう２度と、こんな夢の共演は見られないかもしれません。

「ＵＳＪとディズニーシーが一緒って、すごくない？」

「どっちも観ることができるなんて最高！」

「写真、ちゃんと撮れるかな？」


隣の学生の、ＵＳＪとディズニーシーの登場を心待ちにしている声が聞こえます。

パレードの順番は、東京ディズニーシーが11番目で、ＵＳＪが17番目。

早く会場に来た私は沿道の見やすい位置を確保できたおかげで、パレードの全容がばっちり見渡せます。

パレードが始まってしばらくすると、

「きゃ〜〜〜！　かわいい〜！」

ひときわ大きな歓声と拍手が聞こえてきました。

小雨の中、登場したのは真っ白な車体にブルーの波しぶきがデザインされたディズニーシーのフロートです。

豪華なフロートの上から手を振るのは、船長のコスチュームに身を包んだミッキーマウス、ミニーマウス、ドナルドダックなどディズニーの人気キャラクターたち。

「ミッキー!!」

「ドナルド〜!」

「こっち、こっち向いて〜!」

沿道からたくさんの歓声が上がります。

一瞬にして御堂筋がディズニーマジックにかかり、人々を夢の世界へ連れて行ってくれました。

「大阪でミッキーに会えるなんて、奇跡! 夢みたい……」

隣の若い女の子が頬を上気させながら感動しています。

その姿に、私のテンションもさらに上がりました。

(ディズニーのフロートのあとに、USJのフロートも観ることができるなんて、なんて贅沢《ぜいたく》なんだろう!)

そのあとも華やかでユニークな楽しいパレードが続き、ついに次はUSJの登場です。

「あ、来た!」

そう思ったら、なぜか、18番目のはずのマーチングバンド。

（え、次はＵＳＪじゃなかったの？）

私の数え間違いかと思い、しばらく待ってみますが、10分、20分と過ぎてもまだ来ません。

まわりの人たちも、「おかしいな。ＵＳＪは？」とざわざわし始めました。

私は待ち切れず、実行委員に尋ねてみることに。

「あの、ＵＳＪはどうなりましたか？」

「申し訳ありません。ＵＳＪのフロートの機械トラブルで、いったんＵＳＪに戻ってしまいました。現在、修理を終えてこちらに向かっています」

「パレードには間に合うんですか？」

もしかしたら間に合わないかもしれない――。そう思うと、つい詰め寄ってしまいました。

男性はそんな私を安心させるように、笑顔で次のように答えてくれました。

「ギリギリ間に合うと思うのですが、最終的にはＥ．Ｔ．に聞いてみないことにはなんとも……。でもきっと、これだけたくさんのファンの方がいらしてくださっているのですから、ＵＳＪマジックで必ず舞い戻ってきてくれると思いますよ！」

（Ｅ．Ｔ．に聞かなければ？　どういうことだろう？）

（パレードで何かあるのかな？）

意味深な言葉に、私はなんだかワクワクした気持ちになっていました。

それから1時間半。ようやくＵＳＪのフロートが見えてきました。

待った甲斐があった！

マリリン・モンロー、チャップリン、ウッディー、スヌーピー、チャーリーブラウン……。

ＵＳＪが誇るキャラクターたちがフロートに乗り込み、待ちに待ったパレードの始まりです。

「アクション！」

フロートの上で映画監督の力強い声が響くと、マリリン・モンローとチャップリンが演技を始めました。映画の撮影シーンの再現です。

ディズニーのフロートに負けず劣らず、大迫力、圧巻のパフォーマンス。

その様子を夢中になって見上げていると、どこからともなく『E．T．』のテーマソングが流れてきました。

そして次の瞬間、白いスモークの中から突如、E．T．が現れました。

「お――、E．T．だ‼」

会場中から歓喜の声が上がります。

（あのとき、言っていた『E．T．に聞いてみないとわからない』というのは、このことだったんだ！）

パレードは、USJの登場でいちばんの大盛り上がりを見せ、大成功に終わりました。

先ほどの彼のおかげで、私はあのあと、USJのフロートが登場するのをとても楽しみに待つことができました。

彼が、私に小さな魔法をかけてくれたのです。

御堂筋パレードでＵＳＪと夢の共演となったディズニーパークには、特別な魔法「ディズニーマジック」があると聞きますが、ＵＳＪにもゲストを感動させる「ＵＳＪマジック」があるに違いありません。

そう感じずにはいられませんでした。

STORY 22

いま、自分にできることを

大きな揺れを感じ、仕事の手を止めました。

数分で揺れは止まったものの、毎週行っているＵＳＪのことが心配になり、すぐにツイッターを開くと、ＵＳＪではアトラクションが緊急停止したとのこと。

しばらくして、安全を確認できたものから随時運転が再開したと知り、ホッとしたのもつかの間、東日本で甚大な被害が出ていることを、次々流れてくるツイッターのタイムラインやニュースで目にしたのです。


（こんなに大きな被害が……。阪神淡路大震災以上の災害かもしれない……）


２０１１年3月11日。

日本中を震撼させた東日本大震災が起きました。

現実に起きていることとは思えない映像を見ながら、私はいてもたってもいられない気持ちになりました。

しかし、できることは被害状況をネットやテレビで確認することだけ。困っている人がいるのに、何もできないことがもどかしく、気持ちばかり焦っていきました。

（何か、自分にできることはないのだろうか……）

そんな思いでツイッターを開くと、あるツイートが目にとまりました。

それは、ＵＳＪクルーによるものでした。

「社内募金が始まりました」

「ＵＳＪとしてできること、ＵＳＪクルーが個人としてできること、現在、可能な限りのことを考えています」

被害がなかったＵＳＪでは、地震があった翌日以降も通常営業していました。

笑顔でゲストを迎えながら、クルーたちも、遠く離れた被災地のためにできることを考えている――。

私は、「自分にもいまできること」が必ずあるはずだと、背中を押された気持ちになりました。

（ＵＳＪの募金に、なんとか自分も参加できないだろうか……）

ふだんから毎週のように訪れているＵＳＪ。私にとって、クルーもゲストも仲間のようなものです。

ＵＳＪを中心に、みんなで募金ができたらいいのに……。

そう思いながらタイムラインを追うと、先ほどのクルーのツイートに、多くのＵＳＪファンが反応していました。

「ゲストも募金したいです！」

「ＵＳＪでもゲストに対して募金を呼びかけてほしい」

「パークで募金させてください！」

「たくさんの人が来場するＵＳＪが募金をしてくれたら、たくさん集まると思う！」

ＵＳＪでの募金を希望するゲストのツイートが次々と流れてきます。

（みんな同じ気持ちなんだ……）

私は、どうにかこの思いが届くようにと、みんなと同じようにクルーのツイートへ募金希望のメッセージを送りました。

ＵＳＪは「できることがあるなら、すぐにでも行動に移したい」という私たちゲストの思いをすぐに汲《く》み取ってくれました。

地震発生から4日後の3月15日、パーク内に募金箱を設置することを発表したのです。

さらに、数日後に予定していたＵＳＪ10周年記念ライブの中止を発表しました。

このライブには、日韓の人気アーティストが出演する予定だったこともあり、ＵＳＪファンだけでなく、多くのゲストがチケットを購入し、楽しみにしていました。

私自身もその１人でした。

(中止は残念だけど、この状況では仕方がない……。

ただ、楽しみにしていた分、落ち込む人はたくさんいるだろうな……)


しかし――。

ＵＳＪが公演中止を発表するやいなや、次のようなツイートがどんどんツイッターのタイムラインに流れ始めたのです。

「チケット代は募金する！」

「払い戻しされるんだ、よかった。そのまま募金しよう」
「チケット代を払い戻してもらったその足で、私も募金しに行く！」
「私もチケット代を募金します！」

数え切れないたくさんの人から「払い戻し金を募金する」というツイート。読むのが追いつかないほど、どんどん流れてきます。
その数の多さに、私はビックリしたのと同時に、胸が熱くなりました。

「自分たちにできることをしよう」

ＵＳＪとゲストが１つになった、そんな気がしました。

私もさっそく、払い戻しになったチケット代を募金しにＵＳＪに行きました。
また、ツイッターやブログで、ＵＳＪが行っている震災支援に関する情報、クルーやゲストの想いなどを発信し続けました。

支援が、みんなの想いが、少しでも遠く離れた被災地に届くように……。

それが、いま、私にできることだと思ったからです。


ＵＳＪでは、募金箱設置の他、地震発生から1週間後にはヘリコプターでの救援物資の空輸を行いました。

その他にも、大阪市に寄せられた救援物資の仕分けや、クルー30名からなる「You are not alone！ がんばろう！ 日本」ＵＳＪ災害復興支援ボランティア隊が復興支援作業に従事し、がれきの撤去や浸水した家具の搬出などを行ったりと、続けて支援活動を実施しました。

私はその都度、その情報を発信し、いつまでも大震災の被害が風化しないよう、努めました。


あれから7年。

復興はまだ終わっていません。

ＵＳＪではいまも、被災地へのキャラクター慰問など、支援活動を続けています。

東日本大震災が発生して、ＵＳＪもＵＳＪファンも、多くの人が悩みました。遠方に住む自分たちができることはなんなのかと。

あのとき、多くの人の「自分にできることをしよう」という思いに触れた経験は、いまも私に、「いま、自分にできることは何か」ということを問いかけ、私の背中を押し続けてくれています。

復興が完全に終わるその日まで、私はこれからも自分にできることをし続けていきます。

STORY 23

よぎぃさんとミコちゃん

6月のある日。

6月が誕生月の私と息子は、入口で張り切って誕生日シールをもらいました。

何日も前からこの日を楽しみにしていた息子。

「今日は行きたいところ、全部まわりたい！」

「誕生日のお祝いだもん、もちろんいいわよ！」

「やったー！」

2人で今日という日を最高の日にすべく、まずは楽しみにしていたショーへ。

列に並んで待っていたところ、

「ハッピーバースデー‼」と声をかけられました。

USJでは、誕生日シールを貼っていると、いろんな場所でクルーが誕生日を祝ってくれます。

（クルーのお兄さんが気づいてくれたのかな？）と振り返ると、オレンジのハットをかぶった髭《ひげ》の生えた人がニッコリしていました。

なんと、エモーティコンの1人、エキサイターのよぎぃさんです。

エンターテイナーであるエモーティコンには、エキサイター、ワンダー、ラヴァー、サプライザー、ドリーマーなどがいて、それぞれの役割に合った感情をしているゲストを探して表彰します。

エモーティコンは、園内に数人しかいないため、なかなか会えないレアキャラのような存在です。なので、出会えたことにビックリして、返事をする間もありませんでした。

「今の、よぎぃさんだよね!? すごい！ はじめて見た！」

興奮気味に話す息子に、それだけで今日ＵＳＪに来た意義があるな、なんて思っていたのですが、さらに偶然は続くのでした。

ショーが終わったあと、パークを歩いているとなんと、よぎぃさんと再会！

しかも、私たちのことを覚えていてくれていたようで、今度は「楽しんでますか～？」と声をかけてくれました。息子も私も両手をあげて「とっても楽しいです！」と今度はしっかりと返事をすることができました。

「また会っちゃったね！ すごい偶然！ 明日みんなに自慢する！」

息子は大興奮でした。

そのあと、息子が乗りたくて仕方がなかった「ハリウッド・ドリーム・ザ・ライド」を堪能《たんのう》したあと、どこかで休憩しようと場所を探していたら……。

なんと！　またしてもよぎぃさんとバッタリ！

「わ～！　3回も会えるなんてスゴイ、スゴイ‼」

興奮して話す息子に、

「僕もまた会えてうれしいよ！」

よぎぃさんはそう言うと、

「何度も会って、エキサイトしている君に」

と、エキサイターのシールをプレゼントしてくれました。

誕生日にエモーティコンからシールをもらって親子ともども大感激！

息子は極度の恥ずかしがり屋で、知らない人の前では絶対にはしゃいだりしないのですが、この日はよぎぃさんに会えたことがよほどうれしかったのでしょう。

終始、楽しそうで、誕生日を祝ってくれる他のクルーとも積極的に話していました。

そんな息子の姿を見られて、母親としてはうれしい限り。

（これを機に、もっともっとたくさんの人と接してもらえたらな）

息子の成長を感じる1日となりました。


それからしばらくして、ふたたび息子とUSJに行くことに。

この日は違うエモーティコンであるラヴァーのミコちゃんに話しかけられました。

息子は少し緊張しているようでしたが、前回、よぎぃさんやたくさんのクルーと話せたことが自信になっているのか、いつもより一生懸命話しているようでした。

「一緒に写真を撮りたい！」

珍しく積極的な息子。私はうれしくなって、ミコちゃんにお願いして一緒に写真を撮ってもらうことに。

2人並んで、カメラを構えたところ……、どこからやってきたのか、目の前をスズメの雛《ひな》がヨチヨチと歩いてきました。巣から落ちてしまったのかもしれません。

まだ飛べない羽を一生懸命パタパタしながら、ピーピーと鳴いて親を探しています。

「こんなところにいたら、踏まれちゃう」

ミコちゃんが雛を捕まえようとしますが、すばしこくてなかなか捕まりません。

「あ、鳥さんが……鳥さんが……」

最初のうちは、その様子を恥ずかしそうにもじもじして見ていた息子でしたが、いてもたってもいられなくなったのでしょう。

パッと飛び出すと、一緒に雛を捕まえるために駆け出しました。

私も加わり3人がかりで捕まえようとしますが、なかなか捕まりません。

そこへ、たまたまひと組みのファミリーが通りがかり、お父さんがうまく捕まえてくれて、安全な場所へ移してくれました。

「ああ、よかった。これで踏まれなくてすむね」

ホッと胸をなで下ろしていると、

「お兄ちゃんのやさしさに愛を感じました！」

エモーティコンのミコちゃんが差し出したのは、「Ｌｏｖｅｒ」と描かれたピンクのキティちゃんのシール。

エモーティコンに表彰されるのは、よぎぃさんのときに続いて2回目です。

「ありがとう……！」

はにかみながら、シールを受け取った息子はうれしそうでした。

同じ年頃の男の子に比べても恥ずかしがり屋の息子ですが、離れて暮らしているおばあちゃんに「元気?」と電話したり、おばあちゃんがさみしいかもしれないからと手紙を書いたりと、心やさしい面も。しかし、いかんせん外では消極的で心配していました。

そんな息子が、この日、スズメの雛を助けなくちゃと勇敢に行動できたのは、クルーやエモーティコンのみなさんのおかげだと思っています。

USJを訪れるたびに少しずつ大人になっていく姿は、母親としてうれしく、そのあとも何度も一緒にUSJに遊びに行ったのでした。

よぎぃさんとミコちゃんに表彰されて、10年以上が経ちました。

現在、息子は医療の道へ進むと将来の目標を定め、医療系大学を志望し、受験勉強を頑張っています。

心やさしく、困っている人を見ると放っておけない彼が、これから社会に出て、医療の現場で活躍できる日を母として、いまから楽しみにしています。

受験が落ち着いたら、久しぶりにUSJに誘ってみようかな。

STORY 24

See you in the future!

ＵＳＪができると聞き、私は飛び上がって喜びました。

（大好きな『バック・トゥ・ザ・フューチャー』の世界を再現したアトラクションがあるなんて！）

とは言え、当時はまだ赤ちゃんだった娘の子育て中で、すぐに駆けつけることはできませんでしたが、「大きくなったら娘と２人でＵＳＪに遊びに行こう」、それが、子育ての楽しみになりました。

映画好きの私の影響もあってか、娘も幼いときから映画『バック・トゥ・ザ・フューチャー』が大好き。

娘は、シリーズすべてのＤＶＤを何度も何度も、何十回も、いえ１００回は観ているでしょう。

主人公のマーティより、博士のドクが好きで、彼のセリフはほとんど覚えてしまったくらいです。

「また言ったな〝ヘビー〟って。未来ではそんなに物が重たいのか？」

「30年後にまた会おう」

有名なセリフなどは、ＤＶＤを観ながら一緒に声に出すなど、すっかり映画の世界に入り込んでいます。

そんな娘が４歳の誕生日を迎える少し前、バースデープレゼントとして家族ではじめてＵＳＪへ。

その頃はまだ、小さな子どもが楽しめるエリアが少なく、娘にはあまりおもしろくないかもしれないなと少し心配していたのですが、『バック・トゥ・ザ・フューチャー』だけでなく、『E．T．』や『スパイダーマン』も大好きな娘は、終始楽しそう。

心配していた身長制限も、保護者同伴でなんとかクリア。

真っ先に、「バック・トゥ・ザ・フューチャー・ザ・ライド」を楽しんだあとは、他のアトラクションもエンジョイしていました。

でも、やっぱりいちばんは「バック・トゥ・ザ・フューチャー・ザ・ライド」だったよう。

ドクが所属する研究所で開発された未来へタイムスリップできる車に乗って、目の前で繰り広げられる世界は、見事に映画の世界が再現されていて、娘と一緒に私も大興奮してしまいました。

娘が小学校に入学してからは、年間パスを毎年購入するように。

それから10年。何度、娘とこのアトラクションを体験してきたかわかりません。

はじめてＵＳＪに行ったときはまだ幼稚園児だった小さな娘も、いまでは高校生。

まだまだ甘えん坊で子どもっぽさも残っているけれど、たまに見せる大人っぽい表情は、親の私でもドキッとしてしまいます。

こうやって、少しずつ親から巣立っていくのかと思うと、少し寂しい気もします。

そんな娘の、幼い頃と変わらない無邪気な表情を見られる唯一の時間が、「バック・トゥ・ザ・フューチャー・ザ・ライド」なので、つい何度も娘を誘ってしまうのです。

「お母さん、バック・トゥ・ザ・フューチャー、なくなっちゃうんだって……」

思い出のアトラクションが終わってしまうことを教えてくれたのは、高校生になった娘でした。

「え、ウソ……！」

「本当。5月で終わりみたい……」

その声色《こわいろ》から、娘が落ち込んでいるのがわかりました。

娘の成長とともにあった大切な存在がなくなってしまうのは、私にとってとても大きなショックでした。

「ねぇ、最後の日、乗りに行こうよ」

気づいたら、娘を誘っていました。


最終日の朝、私たちは「バック・トゥ・ザ・フューチャー・ザ・ライド」にお別れをしにUSJへ向かいました。

長年ともに過ごしてきた古い友だちのような存在になっていたこのアトラクションが終わってしまう……。

(もっと娘と一緒に乗りたかったな。いつかは孫も連れて乗りたかったのに……)

悲しいやら、さみしいやら、いろんな気持ちがぐるぐるする中、娘と2人、ラストライドに乗り込みました。

「さあ、準備はいいかな？　心配なく。私がついている。

おっと、リモコンの調子がちょいと怪しいが、しかしやるっきゃない！

地球の運命がかかっているんだ」


何度も聞いてきたドクの案内を聞けるのも、これが最後です。

娘は、隣で真剣な顔をしています。

きっと、一瞬一瞬を刻みつけようとしているのでしょう。

「行きたまえ、タイムトラベラーの諸君！　その手で未来をつかむんだ！」

ラストのライドは、あっという間に終わってしまいました。


「終わっちゃった……」

娘がぽつり。

「うん。終わっちゃったね。今日も楽しかったね」

私はしゅんとしている娘を元気づけようと、明るく振る舞おうと努めました。

でも、さみしいのは私も同じ。

言葉少なに外に出ると、そこには帰らずに最後を見届けようとするたくさんのゲストたちが。

私たちもそこに加わり、そのときを待ちました。

最終のライドを終え、クルーのみなさんが集まっているゲストの前にやってきました。

「15年間、ありがとうございました！」

深々と頭を下げてお礼を伝えるクルーの目には光るものが見えます。

グスン。

鼻をすする音で娘を見ると、真っ赤になった瞳から涙が頬を伝っています。

私も胸がいっぱいになり、「こちらこそ、たくさんの思い出をありがとう」、そう心からお礼を伝えました。

泣いている人、拍手を送る人、「ありがとう」と声をかける人……。

その場の全員が、「バック・トゥ・ザ・フューチャー・ザ・ライド」の最後を惜しんでいました。

突然、娘がクルーのほうに駆け寄りました。

「あの、お願いがあります。このシールの裏に何かメッセージを書いてください！」

パーク内でもらったシールを差し出し、最後のメッセージを書いてほしいとお願いしています。

「私は小さいときから『バック・トゥ・ザ・フューチャー』が大好きで、USJに来たらいつも必ず乗っていました。なくなっちゃうのはさみしいけど、新しいアトラクションも楽しみにしています！」

ふだんは自分から積極的に知らない人に話しかけたりなどはしない娘ですが、よほどこのアトラクションに思い入れがあったのでしょう。

臆することなく話す娘の姿に、（大きくなったんだな）と10年の重みを感じました。

ぺこりと頭を下げて、戻ってきた娘にシールを見せてもらうと、そこにはこう書かれていました。

「See you in the future！（未来でまた会おう！）
いままでありがとう！」
娘はいまも、このときのシールをDVDと一緒に大切にしています。
また会えることを信じて。

おわりに

地元・大阪に、映画のテーマパークであるユニバーサル・スタジオ・ジャパン（ＵＳＪ）ができる――。

そのことを知ったときの興奮は、いまでもはっきりと覚えています。

どんな世界が広がるのか、どんなアトラクションができ、どんなサービスが繰り広げられるのか。ＵＳＪの建設が始まる前から、毎日のようにニュースをチェックしながら、開園の日を指折り数えて待ちました。

２００１年３月31日。

オープニングイベントに参加した私は、オープン初日から、すっかりＵＳＪに魅了されてしまいました。

それから今日まで、ＵＳＪを数百回と訪れましたが、そのたびに新しい発見、素晴らしい体験が私を待っていました。

多彩なアトラクションやイベントはもちろん、たくさんのステキなクルーとの出会いは、どれも忘れられない、特別なものばかりです。

この本の中で紹介した24のエピソードは、ＵＳＪで実際に出会うことのできたエピソードのほんの一部に過ぎません。

今日も、ＵＳＪでは心温まる出来事が、さまざまな場所で起きていることでしょう。ＵＳＪを訪れれば、きっとあなたにも、あなたならではの心温まる体験が待っているはずです。

この本をきっかけに、1人でも多くの人がＵＳＪを訪れ、本書で紹介したような、心温まる出会いと感動の体験をして笑顔になってくれたらうれしいです。

私がこの本を出すことを決意したのは、
「ＵＳＪの魅力を多くの人に伝えたい――」
そう思ったからです、
そして、もう1つ、大きな理由があります。
それは、東日本大震災のときの体験があったからです。
あのとき、ＵＳＪクルーもＵＳＪファンも、多くの人が悩みました。
被災地から遠方に住む自分たちにできることはなんなのか。

そのときの結論が、「いま、自分にできることをしよう」でした。

震災から7年が経ちましたが、復興はまだまだ終わっていません。
いまも仮設住宅で暮らしている方が、たくさんいらっしゃいます。
私は、この本をつくり、印税の一部を東日本大震災の義援金として寄付することが、いま、自分にできることだと考えました。
この本が、少しでも東日本大震災の復興支援の力になったら、うれしいです。

私はこれからも、ＵＳＪの情報を、ホームページ、ツイッター、ブログを通して発信し続けていきます。

最後に、ステキなエピソードをご提供してくださったみなさまに、心より感謝申し上げます。

ＵＳＪのツボ

Special Thanks

本書刊行にあたり、
数多くの方々にご協力いただきました。
すべてのエピソードを
ご紹介することはできませんでしたが、
本当にありがとうございました。
この場をお借りして厚く御礼申し上げます。

USJのツボ・あさ出版

大林淳子さん
M.Oさん
上念拓馬さん
中山奈美さん
堀口静枝さん
M.Mさん
A.Mさん
渡邉千恵さん
（50音順）

著者紹介

USJのツボ

大阪生まれ。2001年3月31日、USJのオープン初日に行き、その素晴らしさに感動し、USJの情報を発信することを決意。ホームページ、ツイッター、ブログでUSJのさまざまな情報を発信している。フォロワー数21万人超を誇るツイッターでは、USJのリアルな情報をほぼ毎日発信。USJの最新情報とその魅力を、全国のUSJファンに伝え続けている。

●ホームページ　http://park14.wakwak.com/~usj/
●ツイッター　https://twitter.com/usj1
●ブログ　http://ameblo.jp/usj1/

編集協力／山田真由美

本書の印税の一部は、東日本大震災の義援金として寄付されます。

USJで出会《であ》った心温《こころあたた》まる物語《ものがたり》　〈検印省略〉

2018年　7　月　24　日　第　1　刷発行

著　者――USJのツボ
発行者――佐藤 和夫

発行所――株式会社あさ出版

〒171-0022 東京都豊島区南池袋 2-9-9 第一池袋ホワイトビル 6F
電　話　03 (3983) 3225 (販売)
　　　　03 (3983) 3227 (編集)
F A X　03 (3983) 3226
U R L　http://www.asa21.com/
E-mail　info@asa21.com
振　替　00160-1-720619

印刷・製本 (株) 光邦

facebook　http://www.facebook.com/asapublishing
twitter　http://twitter.com/asapublishing

ISBN978-4-86667-060-7 C0030